世界金融危機後の金融システム

――各国の金融制度・金融規制・金融政策の比較研究――

高橋豊治 編著

中央大学企業研究所
研究叢書44

中央大学出版部

ま え が き

　本叢書は，中央大学企業研究所の研究チーム「世界金融危機後の各国の金融制度・金融規制・金融政策の比較研究」での研究成果の一部を取りまとめたものである．本研究チームは，2007 年のアメリカにおけるサブプライムローン危機に端を発し，2008 年 9 月のリーマン・ブラザーズの破綻に象徴される（日本ではリーマン・ショックと称されることが多い）世界金融危機の経験を踏まえて，金融環境の変化に対して各国の金融制度や規制，政策がどのように対応してきたかを基本テーマとして研究を進めてきた．今回収録した各論文は，各国の変化や対応を踏まえつつ日本を軸においた研究を中心とした成果である．

　第 1 章「アベノミクスと資本主義の変貌」では，資本主義経済が変貌しつつあるなか，こうした資本主義の変貌に対し，アベノミクスに代表されるわが国の経済政策はどうあったのかを考察する．アベノミクスは，わが国の 30 年にわたる長期不況からの脱出を願っての経済政策である．それは 3 本の矢からなる．その 1 は金融政策の緩和，その 2 は財政政策の活用，その 3 はイノベーションの活用であった．アベノミクスは，金融政策の改善により，長期不況の脱出に成功した．基本的考え方に物価目標を設定するところはフリードマン的（反ケインズ的）であったと評価される．この基本に横たわるフリードマン理論の採用がアベノミクスの欠点であると分析している．第 3 の矢のイノベーションと整合的であるためにも，むしろケインズ理論に従うべきであったと論じている．

　第 2 章「日本銀行の財務の債務超過化の必然性をめぐって」では，2001 年 3 月の「量的金融緩和政策」の導入にあたって採用されたものの，2013 年 4 月に，「量的・質的金融緩和」の導入にあたって廃止された，いわゆる「銀行券ルール」について，それが 2024 年 3 月 19 日の金融政策の枠組み変更の際の欧米の中央銀行並みの「普通の金融政策」への復帰でどのように扱われているか

を中心に据え，いわゆる出口戦略のもとで日本銀行の財務が債務超過に陥る必然性について論じている．「銀行券ルール」とは，速水優元総裁時代の2001年3月に，いわゆる「量的金融緩和政策」の導入にあたって採用された日本銀行の長期国債の買入れが政府の財政ファイナンスを意図するものではないことを明確にするために，買入れ残高は日銀券発行残高の範囲内に限るというルールである．日本銀行は，2024年3月19日の政策委員会・金融政策決定会合において，金融政策の枠組みの見直しを決定し「普通の金融政策」への復帰と名付けたものの銀行券ルールについては何ら言及されていなかった．

続く第3章と第4章はマクロ金融経済モデルによる分析である．第3章「利子率決定のテイラー・ルールと信用及び貨幣の創造の統合マクロ金融モデルと金融財政政策」においては，利子率に関するテイラー・ルール（Taylor rule）とマクロ的枠組みのもとでの金融仲介による信用・貨幣の創造を統合したマクロ金融モデルを提唱し，そのモデルのもとで金融財政政策の分析を行うことを提言している．このモデルのもとでは金融政策は超過準備預金金利の変更によって行われることになるが，この場合の金融政策の有効性は存在しない．一方財政政策は有効であることを導いている．

第4章「労働分配率と実質賃金率及び実質為替相場の短期マクロ動学モデルと成長モデルによる安定性分析」では，実質賃金率もしくは労働分配率が定常値に収束する長期均衡の安定性を経済理論的に分析し，物価と名目賃金率の好循環，経済成長と労働分配率の好循環を，短期，長期の両面で理論的に分析している．その際，ケインズ的モデルと新古典派モデルの両方を構成し，比較分析を通じて，改めて，両派の主張の本質的相違点を解明している．

第5章「銀行系列の資産運用会社のパフォーマンス評価」では，資産運用会社のパフォーマンスに焦点を当てる．2022年11月に新しい資本主義実現会議において決定された「資産所得倍増プラン」のもとで，いくつかの制度改革がなされている．そのなかでも投資信託の役割の重要性が高まってきた．本章では，投資信託のなかでも，国内株式を対象とするアクティブ運用に注目して，資産運用会社の属性によるパフォーマンスの違いについて確認をする．目安と

なる指数（ベンチマーク）に連動した運用をするインデックス運用に対して，アクティブ運用ではファンドテーマを設定し，ファンドマネージャーを初めとする運用チームが適した銘柄を選定して運用する．このためアクティブ運用ではパフォーマンスに差が発生する．こうしたパフォーマンスの違いが，銀行や証券会社，保険会社のグループ傘下や独立系や外資系など属性の違いによって説明されるか検証するものである．銀行系列資産運用会社のパフォーマンスを証券系，保険系など他の属性の資産運用会社と比較すると，銀行系列資産運用会社のパフォーマンスは，2018年では他の属性の資産運用会社に比べて劣っていたのに対し，2022年には他と差が無いことが示された．属性の違いによりパフォーマンスに差があるか否かは，投資家が投資先を選ぶ際に重要な点になるため，新しい金融制度のもとで，本章の分析の果たす役割は大きいと考えられる．

　第6章「不動産投資とESG」では，近年，欧米諸国を中心に投資家がESG（環境・社会・ガバナンス）要素を考慮して投資の意思決定を行うESG投資が急激に拡大しているなか，不動産投資においても経済的なリターンだけではなく，環境・社会的なインパクトも評価しようという動きがある．ESG投資の背景には，投資において短期的なリスク・リターンに捉われず，中長期的なリスク・リターンと社会全体へのインパクトを重視すべきという考え方がある．これは2006年に責任投資原則（PRI：Principles for Responsible Investment）が提唱された後，2007-2008世界金融危機（GFC）を乗り越えるにあたって，金融市場の長期的な安定に対する世界的な関心が高まったことにより，機関投資家を中心にESG投資の動きが広まったことが一因である．不動産はわれわれの身近にある巨額の資産であり，社会と密接に関わっているため，より良い社会の実現に貢献し得る大きなポテンシャルを秘めている．不動産投資にESG要素を取り込むことで不動産を有効活用できればESG課題の克服と同時に不動産投資家やオーナーにとっては不動産価値の向上を期待でき，更に良い循環が生み出される可能性がある．

　第7章「金利指標のあり方を考える ──LIBORの誕生から終焉──」にお

いては，世界金融危機に伴って起こった銀行間無担保資金調達市場の消滅，また LIBOR 不正操作問題の顕在化，そして，これらに対応するなかで，様々な金融取引の基幹金利の役割を果たしてきた LIBOR が消滅した．ここでは，LIBOR の果たしてきた役割を中心にして，それを取り巻く様々な取引との関係を考えながら，「金利指標」が果たす役割を考えた．今日の金融活動は LIBOR を中心に様々な取引が複雑に絡み合っている．そのなかで中心となっていた LIBOR が消滅することがいかに大きな影響を及ぼすかを検討している．

　以上の通りチーム研究のテーマについて様々な観点から検討を加えたが，まだまだ検討すべき分野も多く残されている．とはいえ，新型コロナウイルス感染症（COVID-19）による行動制限から，特に共同研究としては思うような活動を行うことができなかった期間が続いたが，こうして一応の研究成果を発表することができたのは，チームのメンバーの不断の努力に他ならない．心より感謝申し上げる．また，大変な時期をサポートしてくれた中央大学企業研究所のスタッフ，なかなかまとまらない原稿を出版物にまとめ上げてくれた中央大学出版部のスタッフにもこの場を借りて感謝したい．

2024 年 9 月 3 日

高 橋 豊 治

目　　次

まえがき

第1章　アベノミクスと資本主義の変貌

花 輪 俊 哉

　1．は じ め に ……………………………………………………… 1

　2．ケインズ時代の幕開け ……………………………………… 2

　3．安倍総理の経済政策──アベノミクスを考える ……………… 8

第2章　日本銀行の財務の債務超過化の

　　　　　必然性をめぐって

建 部 正 義

　1．日本銀行による金融政策の枠組みの見直し ……………… 17

　2．日本銀行の債務超過化の必然性 ………………………… 20

　3．植田総裁による反論 …………………………………… 22

　4．日本銀行の債務超過化と日銀券にたいする国民の信認 ……… 28

　5．政策金利の1パーセントへの引き上げの可能性 ……………… 31

　6．FRBと日本銀行とのあいだの財務運営にかんする

　　　情報公開上の差異 …………………………………… 34

　7．補　　　遺 ………………………………………… 37

第3章　利子率決定のテイラー・ルールと信用及び
　　　　貨幣の創造の統合マクロ金融モデルと
　　　　金融財政政策

　　　　　　　　　　　　　　　　　　藤　原　秀　夫

　1．序 ……………………………………………………………… 41
　2．整合性問題の所在とその解明 ……………………………… 42
　3．信用と貨幣の創造が組み込まれた標準的マクロ金融モデルと
　　　テイラー・ルール …………………………………………… 63
　4．物価の内生化とテイラー・ルールによる利子率の決定 …… 72
　5．不均衡調整モデルと市場均衡の安定性 …………………… 77
　6．金融財政政策の有効性 ……………………………………… 80
　7．結　　論 ……………………………………………………… 84

第4章　労働分配率と実質賃金率及び実質為替相場の
　　　　短期マクロ動学モデルと成長モデルによる
　　　　安定性分析

　　　　　　　　　　　　　　　　　　藤　原　秀　夫

　1．序 ……………………………………………………………… 89
　2．実質賃金率と総需要による実質所得決定モデル …………… 89
　3．労働分配率の定常値への収束モデルとその安定性 ………… 93
　4．財市場の不均衡と実質賃金率の生産・雇用への反作用 …… 102
　5．開放マクロ総需要モデルと金融財政政策 ………………… 107
　6．小　　括 …………………………………………………… 110
　7．新古典派モデルとケインズ派モデルにおける労働分配率と
　　　経済成長率の好循環及び悪循環について ………………… 111
　8．結　　語 …………………………………………………… 141

第5章 銀行系列の資産運用会社の
パフォーマンス評価

奥　山　英　司
播 磨 谷　浩 三

1．は じ め に ……………………………………………………… 143

2．投資信託市場の現状 …………………………………………… 144

3．アクティブ運用のパフォーマンスに関する評価 …………… 147

4．仮説と分析 ……………………………………………………… 149

5．お わ り に ……………………………………………………… 156

第6章 不動産投資と ESG

石　島　　　博
髙　木　大　輔

1．は じ め に ……………………………………………………… 161

2．ESG 要素を考慮した不動産投資とは ……………………… 162

3．日本の不動産投資市場の概要 ………………………………… 163

4．ESG 投資の世界的な潮流 …………………………………… 164

5．世界における ESG を考慮した不動産投資の動向 ………… 167

6．UNEP FI の責任不動産投資（RPI）………………………… 168

7．ESG 要素を考慮した不動産投資のフレームワーク ……… 169

8．不動産ポジティブ・インパクト投資の事例 ………………… 171

9．不動産や不動産企業・ファンド等の認証制度 ……………… 172

10．お わ り に ……………………………………………………… 173

第7章　金利指標のあり方を考える
——LIBOR の誕生から終焉——

高 橋 豊 治

1. は じ め に ……………………………………………………… 177
2. LIBOR とは ……………………………………………………… 177
3. LIBOR の誕生 …………………………………………………… 182
4. LIBOR を参照する基準金利 ………………………………… 184
5. LIBOR の終焉 …………………………………………………… 190
6. お わ り に ……………………………………………………… 192

第1章　アベノミクスと資本主義の変貌

花　輪　俊　哉

1．はじめに

　現在資本主義経済が変貌しつつある．マルクス経済学を別として，近代経済学の中では資本主義経済とは何かを定義する場合，伝統的に二つの考え方がある．一つは，経済学の創始者であるアダム・スミスによるものであり，その著『国富論』(1776) に示されているものである．他は，シュンペーターによるもので，その著『経済発展の理論』(1926) に示されている．しかしシュンペーターは，『貨幣論』を書かなかったので，彼の考えを現実化するには，ケインズの『貨幣論』(1930) を待たねばならなかった．すなわち，シュンペーターの革新者は，生産者のイメージであり，現実の革新者は，その生産者に資金を供与する銀行の活動を無視できないからである．銀行は当然民間の銀行であり，中央銀行ではない．ここに民間銀行の信用創造活動が重視される．

　しかし，スミスもシュンペーターも完全雇用を良きものとして議論を展開した．ところで資本主義経済は，それほど簡単明瞭のものではない．それは1930年代の『大不況』が明確に示した．この事実に素早く適応したのがケインズである．『貨幣論』では，完全雇用を前提としていたが，『一般理論』では，不完全雇用を前提に理論を展開した．こうしたケインズ『一般理論』は，革命的に進行し「ケインズ革命」と呼ばれた．しかし当然，反ケインズ革命も進行した．いわゆるフリードマン革命である．恩師中山先生は，この間の事情を考慮され，「我々は皆，ケインズ時代を生きている」と言われていた．すな

わち，貨幣価値の安定もしくは物価の安定よりは雇用の安定を重視するもので
あった．

　こうした資本主義の変貌に対し，我が国の経済政策はどうあったのかを考察
したい．

　安倍総理による「三本の矢」と呼ばれる経済政策まで，あまり本格的な経済
政策はなかったように思われる．したがって，現代日本の経済政策は，これを
中心に議論しよう．

2．ケインズ時代の幕開け

　資本主義の核心からすれば，ケインズの『貨幣論』が重要であるが，ケイン
ズ時代全般を考えるときは，やはりケインズの『一般理論』が重要であろう．
ケインズは，ケインズ以前の経済学を「新古典派」と称し，自分の経済学を
「一般理論」と称した．すなわち，以前の経済学は，完全雇用を前提として展
開されているという意味で，特殊な部分理論であると考えた．それに対し，
『一般理論』は，完全雇用だけでなく，不完全雇用をも含めて分析するもの
で，一般理論と考えたのである．このことは重要な意味を持つ．すなわち，ケ
インズ以前においては，物価安定の問題が重要であったのであるが，1930 年
代の大不況を受けて出現したケインズ以後においては，失業問題が最重要視さ
れ，また社会問題化するにいたった．しかし今日われわれは，新しい貨幣的経
験に直面している．これがインフレと失業の併存と呼ばれているスタグフレー
ションの問題である．

　ヒックスは，初期には，一般均衡理論の集大成を成し遂げ，新古典派とみら
れることが多かったけれども，後期には，むしろケインズ的になっていると考
えられる．むしろ明確に前期と後期には差がある．スタグフレーションの問題
の考え方は，まさにこの考えを示している．まさにヒックス（Economic
Perspectives, 1977：花輪俊哉『貨幣と金融経済』第 6 章第 5 節，東洋経済新報社 1980）
は，スタグフレーションを分析するに当たり，ケインズ理論の長期化をもって
した．これは図 1-1 で示される．

図 1-1 成長供給曲線

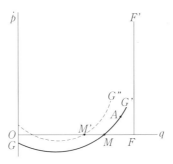

　縦軸にはインフレ率 ($\dot{p}$), 横軸には実質産出高の成長率 (q) で示され, また FF' 線は, 達成可能な物的極大成長率である. GG' 曲線は, 成長供給曲線であるが, 成長が高まるほど生産性が上昇するから, 価格がコスト決定型で決まるとすれば, 成長率が高くなると物価は下落する. 実質産出高成長率がゼロであっても, 生産性の成長率はプラスと考えられるから, G 点は負であろう. 初めは成長率が高まるにつれて物価は下落するが, ある高さの成長率を超えると物価の下落率は低下し始める. M 点は, 自然失業率と呼ばれるが, 丁度インフレ率がゼロの点である. この点を過ぎると, 物価上昇率がプラスとなることを考えると, この点を一種の完全雇用点と考えられなくもない. その場合には, FF' 点を高完全雇用点 M 点を低安全雇用点と考えることもできるであろう. インフレ率が低い場合には, 失業率が高まるよりも弊害は少ないと考えられるから, M 点よりも A 点が選択される政治的傾向があると考えられる.

　ところで, 生産性の上昇を一様と考えることは非現実的である. すなわち, 生産性の高い産業と低い産業が共存しているということである. それ故に, 一般物価水準の安定のためには, 後者の価格の上昇を十分に相殺するように, 前者の価格の下落が必要となる. しかし, 生産性の高い産業の価格を十分に下落させることは, 簡単ではなく, 望ましいことでもない. なぜなら, この場合には, 価格機構を生産資源の効率的移動に利用しにくくなるからである. 生産性格差は, 企業のみならず, 国についても存在するから, 世界の価格を上昇させ

る傾向があると考えられる．こうしてM点よりもA点が実現されやすいことになる．なおヒックスの成長供給曲線は，労働組合による独立的賃金プッシュによって左にシフトし，M点はM'点のようになる．（図1-1参照）このことは自然失業率が増大することを意味している．

しかし，こうした現象は，石油ショックによるスタグフレーションの説明にはならない．すなわち，それは1972年の不作および1973年や今日のような石油危機によってももたらされる新事態である．つまり，従来は完全雇用障壁が実際に有効な障壁であったけれども，いまや完全雇用を維持するのに必要な主要材料の供給が制限されるということによって有効障壁が変わったと考えられる．（図1-2参照）新しい制約線は，ff'で示される．この場合にも，インフレと失業との間にトレード・オフ関係が見られるけれども（Gg'），GG'線の場合とは異なりA点は実現できない．A点よりもはるかにトレード・オフ関係の厳しいa点が実現されるにすぎない．当然のことながら，資源制約の下では，労働制約の下で適切であった有効需要は過大となるに違いない．

さて，新しい成長供給曲線が描ける理由として，少なくとも次の2点が考えられる．第1の説明は，コスト逓増産業とコスト低減産業との共存によってインフレが生じるというのである．前者のケースは，原材料産業の場合に当てはまり，伝統的な需要・供給分析で考えることができる．これに対して後者のケースは，製造業一般について当てはまり，コストによって価格決定が行われ

図1-2　有効障壁下の成長供給曲線

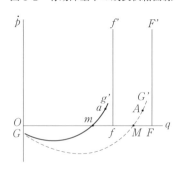

ると考えられる．いま原材料産業部門において，需要増加率が，生産性増加率を上回ると，物価は上昇することになる．この場合，第1次産品などの原材料の価格が製造コストに組み入れられているとすれば，第1次産品価格の上昇が伝播して製造業価格の上昇をもたらし，一般物価水準が上昇することになる．この説明で，石油ショックによるインフレーションは一応理解できるのであるが，経済活動が抑圧されて第1次産品の制約が弱まった1974年以降においても，インフレーションは継続しており，このためには他の説明が必要となる．その主要なものは，賃金インデクセーションと考えられるものである．

一見すると労働市場も第1次産品市場と同様に需給決定型と考えられるかもしれないが，それは現実的ではない．すなわち，雇用契約においては生活水準の継続性が問題なのであるから，労働の需給関係の変化で短期的に変わるものではない．したがって，一般物価水準の上昇により生計費が高騰する場合には，労働者のみならず経営者においても，貨幣賃金の上昇が公正だと感じられるようになる．この為に賃金インデクセーションが求められると言えよう．

こうして物価の上昇に応じて貨幣賃金の上昇が行われるという賃金インデクセーションが実施されると，ヒックスの成長供給曲線の勾配は一層厳しくなると考えられる．これは図1-3で示されるように，Gg'線は，m点を過ぎると，Gg''線のようになるであろう．そのために，Gg''線の場合には，Gg'線の場合

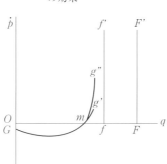

図1-3　賃金インデクセーションの効果

に比べて，ff'線を実現させようとする金融財政政策は一層激しいインフレーションを惹き起こすことになると考えられる．

　最後に，有効障壁の下での独立的賃金プッシュの効果を考察しよう．成長率が抑圧されているような状況では，たとえ独立的賃金プッシュが生じてもそれほど効果は大きいとは考えられないけれども，仮にここでそうした独立的賃金プッシュの効果が重要だと仮定しよう．その場合には，図1-4で示されるように，成長供給曲線は全体として北西方向にシフトすることになる．そうしたシフトの傾向がある限り，インフレーションは避けがたく，また高率の失業も避けがたいのである．そしてそのどちらも金融政策や財政政策では救済できない．できることと言えばどちらかを犠牲にして他をよりよく改善するといった程度でしかない．しかし，その場合でも事態は満足できるようなものではないのである．

　こうしてヒックスは，ケインズ経済学の拡充としてスタグフレーションの解明を行ったのであるが，その解決策として如何なるものを考えていたのであろうか．第1の方法として，労働市場政策や所得政策による賃金インフレーションを抑えることはできる．また第2の方法として，仮に成長供給曲線で実現される点のいずれも望ましいものでないと考えられるならば，遺された道はその曲線のシフトであるという．そのために為すべきことは有効障壁に対する働きかけである．たとえば，第1次産品の開発によって可能になると思われる．こ

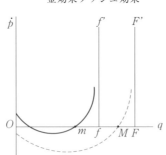

図1-4　有効障壁下での独立的賃金効果プッシュ効果

れは既存資源の生産性向上や新しい資源の開発によって可能になるし，また石油カルテルのような独占・寡占的傾向を取り除くことによって行われる．

スタグフレーションは，現代資本主義に課された新しい課題であり，これの克服に力をそそがなければならない．ヒックスの解決策は，やや長期的性格を持っていると考えられる．そして，そうした長期的解決策については意見の相違はなく，多くの賛成を得られるであろう．しかし，より短期的な解決策を考えると，基本的な相違が出てくるのではないか．

第1のアプローチは，物価の安定を重視して，自然失業率 M 点の達成を重視する考えである．これはより低失業率であるが，物価上昇率の高い A 点を選択してもそれは一時的にできるだけで，長期的には自然失業率が実現されることになる．こうして M 点の実現は，有効需要政策もしくはマネー・サプライのコントロールで考えられているのであり，供給側が問題になっても第2義的でしかない．これに対し，第2のアプローチは，M 点よりも A 点を選択するが，これは次のような考慮によってである．すなわち，単にそれが大衆に受け入れやすいからという理由だけではなく，A 点の選択が M 点の選択に比べて，企業者の投資意欲を刺激することによって，生産性の向上をもたらし，それによりコストの上昇を抑制して物価の安定を可能ならしめるということを期待しているのである．

こうしてみると，A 点の実現は需要面よりもむしろ供給面を重視していることを意味すると考えられる．以上より第1のアプローチも第2のアプローチも，ともにインフレなき完全雇用の恒常的実現を考えていると言えよう．第1のアプローチはマネタリスト的であり，第2のアプローチはケインズ的であると考えられる．こう考えると，ケインズもフリードマンも同類と見える．勿論相違がないわけではない．ケインズは，民間銀行の自由な行動を前提としているのに対し，フリードマンは，民間銀行の信用創造を廃止，中央銀行専制を効率が良いとしているが，果たして資本主義の原理から言って，どちらが良いと言えるだろうか．

3. 安倍総理の経済政策——アベノミクスを考える

　考えてみると，歴代各総理により経済政策が実施されてきたのであるが，きちんとした経済政策は，池田内閣と安倍内閣の時である．この節では，主としてアベノミクスを取り上げる．

　安倍総理のアベノミクスは，我が国の30年にわたる長期不況からの脱出を願っての経済政策である．それは3本の矢からなる．その1は，金融政策の緩和，その2は，財政政策の活用，その3は，イノベーションの活用である．

　我が国は，大バブルによる高度成長の後，長い長期不況に落ち込んだ．それは今まで経験しなかったような長期不況であった．どんな政策も，不況からの脱出はできなかった．しかし，アベノミクスは，金融政策の改善により，長期不況の脱出に成功したのである．その成功の秘密は，長期不況の原因を除去したことにあろう．すなわち，日銀は，高インフレの抑制に失敗したことにより，経済を不況の方に傾けたのである．近代経済学の父でもあるケインズは，金融管理こそ完全雇用の基本的方途であると主張していたのにもかかわらず，それが十分生かされずに，日銀独自のやや引締め的な金融政策を行っていたと考えられる．そうでなければ，30年にもわたる長期不況が続くわけがないのである．

　アベノミクスの第1段の金融政策は，古き日銀とは正反対に超緩和的な成果を上げ完全雇用経済への道を実現した．ただアベノミクスの基本は，ケインズではなく，フリードマンであったので，目標値として2％の物価上昇率が選ばれたのであろう．おそらくケインズなら，それに対応する推定失業率が選ばれたことであろう．ある意味でどちらの推定値をとってもその限りでは変わりはないと考えられる．問題は資本主義の本質は何かを考えた時に相違が生じるのである．この問題は後で論じることにしたい．

　完全雇用経済の具体的姿は，物価と失業のトレード・オフの中で見なければならず，その具体的姿は難しい．しかし，黒田総裁が率いる日銀は，目標値を2％の消費者物価上昇率としたのである．またこの2％目標は，世界的なもの

であった点で利用しやすかったのかもしれない．しかし，この2％物価上昇は，我が国ではその実現は困難に思われた．アメリカのインフレ対策としての短期金利の引き上げの継続による我が国円安傾向の心配が生じるようになってから，次第に我が国も円安による消費者物価の上昇が現実化してきたのである．

我が国の消費者物価が基本的に上昇しないのは，賃金が上がらないからである．安倍元総理も，そのことに気づいたのかもしれない．財界人へ賃金の上昇を要請したこともあった．しかし，ただ賃金の上昇を要請しても，企業には企業の論理がありそれを無視して賃金を上げれば，企業経営の破綻を起こすかもしれない．低賃金が続きえたのは，グローバリゼーションの影響と考えられる．

すなわち，我が国の賃金が相対的に高くなり，企業は安い賃金を求めて外国へと資本を投資したのである．新しい工場と新しい労働者は，安い製品を作り出し，国際競争上優位となったものの，日本国内の労働者の賃金は低く抑えられたままだった．

このような状態は，日本だけでなく，アメリカでも生じているのであり，その労働者は，トランプ前大統領の背後にいる多数の支持者でもあるのである．トランプ大統領は，あまり好きにはなれないが，先進国の労働者と開発途上国の労働者の賃金格差問題は，何としても解決しなければならない．開発途上国の労働者の賃金が上昇する為には，2つの方法がある．1つは，先進国の工場で働くことである．しかしあまり多くの労働者が先進国に移住することは，先進国の労働者の賃金に影響するだろう．他の方法は，開発途上国に工場を建てて，そこで開発途上国の労働者を働かせることである．この場合にも，先進国の労働者は，開発途上国の労働者賃金に引きずられ，低くされるかもしれない．問題は，そこに生ずる利潤の増大である．労働賃金が低く抑えられているので，賃金対利潤の格差は，大きくなる．この意味での所得格差の是正が緊急の問題である．すなわち，相対的に大きくなった利潤の一部を賃金に振り分けることが肝要である．

第2は，財政政策の活用であるが，丁度コロナ禍にぶつかり，「小さい政府」を標榜していたにもかかわらず，「大きい政府」へと転換せざるを得ない状態である．財政規模も今まで予想できなかった規模にまで増大したが，コロナ禍の中では誰も反対する人はいなかった．今のコロナ征服には，「大きい政府」であることは必然であろう．しかしそれにもかかわらず，財政政策の健全化を図ることは重要である．ただばら撒けばよいというものではない．財政規律は重要である．

現在の財政規模の増大は，ただ無駄づかいしたというのではなく，有効需要の増大の為である．いたずらに「小さな政府」にこだわらずに，「大きな政府」になっても，完全雇用達成の為に尽くすべきであろう．

むしろアベノミクスの欠点は，フリードマン理論の採用にあった．すなわち，フリードマンは，民間銀行をして貨幣供給機関として捉え，金融政策の効果を上げるためには，民間銀行の信用創造能力を無くすことが重要と考えたのである．むしろ民間の信用創造能力は，日銀の信用創造力を減衰すると考えたのであろう．近年起こっている我が国の地方銀行の地盤沈下も，フリードマン理論が影響しているかもしれない．もちろん地銀ばかりでなく，都銀まで含めて大きな影響を受けているように見える．フリードマンの「全額支払準備案」または「100%支払準備案」は，まさにそうしたことを予想させるのである．ケインズは，民間の信用創造を資本主義経済発展の原動力と考えたばかりではなく，銀行を貨幣供給機関としてだけではなく，資金配分機能を持つと考えていたのである．

さらにアベノミクスの第3の矢として，イノベーションが挙げられる．イノベーションは，シュンペーターにより理論的に経済学に導入されたものであり，その後，現実社会でもよく使用されるようになってきた．シュンペーターは，価格機構を通じる経済の安定化を高く評価し，『理論経済学の本質と主要内容』を一般均衡の立場に立ってまず書いた．しかし，そのような価格機構の重要性は，資本主義を資本主義たらしめるものではないと感じ，さらに踏み込んだ『経済発展の理論』を書くことになったのである．彼は企業者に着目し，

単なる生産者と異なる企業者精神を持つ生産者こそ，資本主義を資本主義たらしめるものと捉えたのである．すなわち，企業者は，新種，新品質の商品の市場への導入，新生産方法の採用，新市場の開拓，新資源の獲得，産業組織における新制度の実現（独占の形成など）等のイノベーションを実施し，創造的破壊を行う経済主体と考えた．資本主義の持つダイナミズムは，まさにこの企業者により生み出されたものである．

それ故，企業者精神が衰退する時こそ資本主義経済の衰退の時である．それは大企業などに蔓延する官僚主義などにより生じると考えられたのである．そしてその後に社会主義経済が出現するのである．『資本主義・社会主義・民主主義』は，その間の論理を詳しく説明されている．

このように，イノベーションは，シュンペーターによる資本主義の本質を示すものであり，またそれは，スミスの資本主義概念である自由な価格機構の批判的概念でもあった．それ故，自由な価格機構を重視したフリードマンは，スミスへの偏向を意味するものであり，イノベーションを重視するシュンペーターとは両立しないものと考えられる．むしろイノベーションは，企業者へ産業資金を供給する銀行の信用創造を強調するケインズと融合するであろう．以上より，イノベーションは，フリードマンとはなじまないのである．それなのにアベノミクスでは，第3の矢としてイノベーションを挙げた．前述のことから，イノベーションを挙げるならば，むしろケインズ理論に従うべきであった．安倍総理のアベノミクスは，論理的に破綻しているものと考えられる．

アベノミクスを継いだ岸田総理は，安倍総理よりもより深く賃金と物価のメカニズムを認識したようである．外国の賃金は上昇しているのに，我が国の賃金は長い間横ばいのままであった．果たして賃上げは可能か．岸田内閣としては，賃金の上昇を念願し，労働組合と共同して，賃上げをしようとしている．従来であれば，労組と自民党政府は原則として，対立関係に立っていたと考えられる．それが今回は，両者共同で賃上げをしようとしているのである．原則として，賃上げは，労働力に対して超過需要がある場合か，または労働組合による賃上げ要求による．前者は需要インフレとなり，後者はコストインフレと

なる．もし需要インフレなら，問題の解決は簡単である．何もしなくとも，労働に対する超過需要がある限り，賃金の上昇は起こるからである．ただこの場合にも，必要な賃金の上昇が実現したのちそれ以上の賃金の上昇は必要ないとした場合，それを止めることは容易ではない．また後者のコストインフレについては，通常，原油価格等の上昇によって，起きる場合が多いけれども，これを抑制することは容易ではない．需要インフレなら，伝統的な金利引き上げなどの金融政策でも良いけれども，コストインフレとなると，伝統的な金融政策では，極めて迂遠と言わざるを得ない．

　今回のインフレに際し，アメリカをはじめヨーロッパの中央銀行は，金利の引き上げで対応したのに対し，我が国の中央銀行の黒田総裁は，低金利政策を維持し続けた．そして，日銀当座預金の一部にマイナスの付利（マイナス0.1％）を課すと同時に，長期金利（10年物国債利回り）をゼロ％程度（マイナス0.25～0.25％）で維持することによって，イールドカーブ全体を押し下げる調整をやっている．これはまたイールドカーブ・コントロール（YCC）とも呼ばれた．ところが，アメリカの中央銀行（FRB）が物価上昇を抑制するために金利の引き上げを行ったことから，日米金利差の拡大予想から，円安が進行し始めた．これがまた，我が国のインフレを刺激し始めた．そこで日銀は，利回り幅を拡大することで対処した．これは実質的には，利上げと同じ効果を持つものであるが，利上げではないと黒田総裁は言っている．こういう手段があるのなら，もっと早くやれなかったのかと思う．投機筋に狙われなくて済んだのにと残念であった．しかしいつまでも諸外国と異なる方式で進めるわけにはいかないだろう．黒田総裁の任期の終焉とともに，考え直さねばならないところである．

　黒田総裁の後任に，植田総裁が決まった．多くの期待と異なり，黒田総裁の低金利政策を維持するようである．植田総裁の考えも，あるいは私と似た考えを持っていたのかもしれない．恩師の中山先生が，「我々は皆ケインズ時代を生きている．」と言われたことを思い出す．殊にアメリカは，NO.1の資本主義国であるから，価格メカにズムにこだわるのであろう．ケインズの影響は，どんどん薄れているようだ．それだけに将来恐慌が来るかもしれない．それにし

ても，アメリカの賃金の上昇が高く，日本の賃金上昇率が最も低いのは何故だろうか．物価高騰を怖れた日銀は，何よりも物価安定を望み，その結果，日本経済を長い不況に導いたと思う．それに対し，諸外国は，物価よりも雇用を重視したのであろう．ヒックスは，これを「労働本位制」と呼んだ．すなわち，今の世界は，貨幣制度が比較的に弾力的になっており，その結果，賃金が貨幣制度に順応するというよりも，むしろ貨幣制度の方が賃金に順応しうる世界と考えられる．これを金本位に対し，労働本位と呼ぶ．

　金本位は，一つの国際的な本位であったが，労働本位は，一つの国家的本位であるから，その最善の状況においてさえ，必然的にそれは国際的な通貨関係における困難の一つの源となる．したがって，労働本位の下では，労働で表した貨幣の価値は，何ら慎重な決定を受けない．この貨幣の価値は，賃金決定過程の単なる副産物にすぎないのである．賃金の下方硬直性がある場合，それだけでも経済組織にインフレバイアスを与えるのである．これに対し，日銀は，長らく物価の安定にこだわっていた．したがって，日本と諸外国では，物価格差が生まれ，また賃金格差が生まれたのである．ここに日本も諸外国に倣い，労働本位の政策をとろうとしている．しかし，論理は解っているけれども，実際に現実化するだろうか．現実化できるのは，賃金と自己製品価格をコントロールできる大企業だけであろう．中小企業は，大企業の圧力の下，十分な賃金と自己製品価格を得ることは不可能であるように見える．すなわち，中小企業は，大企業と同じ市場で活動しているわけではないということになる．もしも大企業と中小企業がこのような状態で続くようならば，すなわち，一本化できないようならば，日本の労働本位はうまくいくことはないであろう．現在の日本の困難さは，まさにここにあると思われる．日本における就業者数の割合は，中小企業と大企業で7対3であると言われている．これでは大企業だけがたとえ賃金を上げることができたとしても，日本全体として見るとうまくはいかないであろう．さらに大企業の中でも問題がないわけではない．すなわち，すべてが完全な勤労者ではないということである．大企業と言えども，多くの非正規雇用を雇用しているのである．したがってまずは，これら非正規雇用の

正規雇用化を図らなければならないであろう．しかしこれもかなり困難を伴う問題であろう．したがって，岸田総理の下，賃金と物価の関係をうまくまとめることは，かなり困難であると考えられる．

またケインズとフリードマンでは，資本主義についての認識が異なると思われる．すなわち，ケインズは，個々の銀行の活躍を重視するのに対し，フリードマンは，中央銀行の貨幣コントロールを重視する．このことは，フリードマンは，中央銀行専制化となってしまい，コントロールの術は上がるけれども，むしろそれは社会主義的と言えるようだ．やはり資本主義は，個々の経済主体を大事にする体制でなければならない．個々の銀行の行動を大事にすること，これこそ資本主義の核心である．その意味で，アベノミクスは誤っていると言えよう．同じように，黒田日銀総裁の政策も誤っていると言えようし，また岸田総理の考え，および今の日銀植田総裁の考えも，かなり曖昧であるようだ．明確に，物価と賃金との関係を説明し，その状態への可能な道を説明すべきである．ただ曖昧に，物価と賃金との関係というだけでは，いけない．予想インフレに賃金増加率が追いついていかなければならない．そのためには，２％という世界的物価上昇率で良いのかも問題である．我が国では，今は２％も可能な水準となっているけれども，それまでは２％水準はかなり難しいものであったようである．そこの無理があれば，物価上昇率と賃金上昇率とはうまくマッチしない，またはマッチさせることが困難であると言わねばならない．我が国では中小企業の存在が大きいだけに，この状態の維持はかなり困難であると思われる．

2024 年（令和６年）3 月 19 日における日銀の金融政策決定会合において，従来の異次元緩和政策を転換し，伝統的な方式に戻ることに決めた．ただ植田総裁は，従来の緩和的環境は継続するという事である．具体的には，マイナス金利解除，長短金利操作撤廃，ETF 購入の終焉である．ただこのような金融政策の転換は，急に金融引締めにするというのではなく，当面，緩和的な金融環境が継続すると考えているようである．このような金融政策の転換は，目標としていた２％の物価上昇率が予測できる状態になったゆえであるという．これ

はそれに対応する失業率の減少（人手不足の増大）に対応するはずである．どちらの指標でも良いのだけれど，いずれにしても労働生産性の上昇がなければ解決できないのである．

　労働生産性の上昇が困難な場合，人手不足は増大するであろう．そして賃金は上昇していくであろうし，インフレもさらに永続すると思われる．物価上昇2％目標は，外国の例に倣ったものと考えられるが，我が国の場合，より低く1％程度の方が，人手不足を乗り越えやすかったとも考えられる．1％目標は言うまでもなく，2％目標も実現したので，より早くの金融政策の転換も可能であったと言う人もいるけれども，私は，現在資本主義経済の変貌の時期であることを考慮に入れると，今の状態で良かったと考えるけれども，この変貌にうまく対応していけるかどうか，不安である．前に戻るということも考えられるが，もし，それが，日銀の貨幣供給方式の復活を意味するのであれば，再びデフレになるかもしれない．

第2章　日本銀行の財務の債務超過化の必然性をめぐって

建　部　正　義

1．日本銀行による金融政策の枠組みの見直し

　日本銀行は，2024年3月19日の政策委員会・金融政策決定会合において，金融政策の枠組みの見直しを決定した．その要点は，以下のとおりである．

　第1に，「長短金利操作付き量的・質的金融緩和」の枠組みおよびマイナス金利政策は，その役割を果たしたものとして廃止する．

　日本銀行は，短期金利については，2016年1月の「マイナス金利付き量的・質的金融緩和」の導入以来，金融機関が同行に保有する当座預金のうち政策金利残高に－0.1パーセントのマイナス金利を適用してきた．また，長期金利については，同年6月の「長短金利操作付き量的・質的金融緩和」の導入以来，10年物国債金利がゼロ・パーセント程度で推移するよう，上限を設けずに必要な金額の長期国債の買入れを行ってきた．

　これらが廃止されるというわけである．

　第2に，新たな金融市場調節方針として，無担保コールレート（オーバーナイト物）を採用し，それが0〜0.1パーセント程度で推移するよう促す．この方針を貫くため，金融機関が日本銀行に保有する当座預金（所要準備額相当部分を除く超過準備額相当部分に対して）0.1パーセントの付利金利を適用する．

　第3に，ETFおよびJ－REITについて，新規の購入を停止する．また，CP等および社債等について，買入れ額を段階的に減額し，1年後をめどに買入れを終了する．

第 4 に，政策金利としての無担保コールレート（オーバーナイト物）を低位の水準に維持することとならんで，当面，緩和的な金融環境を継続させるため，これまでと概ね同程度の金額（足もとの月間買入れ額は 6 兆円程度）で長期国債の買入れを持続する．

最後に，マネタリーベースの残高に関するオーバーシュート型コミットメントについては，その要件を充足したものと判断して廃止する．

オーバーシュート型コミットメントとは，「長短金利操作付き量的・質的金融緩和」の導入にあたって採用されたもので，マネタリーベースの残高について，消費者物価指数（除く生鮮食品）の前年比上昇率の実績値が一時的にではなく安定的に 2 パーセントを超えるまで，年間約 80 兆円という拡大方針を継続させるというものである．

なお，当日の記者会見の席上，植田和男総裁は，今回の政策転換の理由を，次のように説明した．

　　「今日の決定会合では，最近の経済・物価・金融情勢，特に賃金と物価の動向をしっかりと点検しました．そのうえで，春季労使交渉の現時点の結果を含め，最近のデータやヒヤリング情報から賃金と物価の好循環の強まりが確認されてきており，先行き，展望レポートの見通し期間終盤にかけて，2% の物価安定の目標が持続的・安定的に実現していくことが見通せる状況に至ったと判断し，大規模な金融緩和の見直しを決定した」．

以上であるが，ここでは，「銀行券ルール」の復活にかんしては，何の言及もなされていない点が留意されるべきであろう．

銀行券ルールとは，速水優元総裁時代の 2001 年 3 月に，いわゆる「量的金融緩和政策」の導入にあたって採用されたルールのことで，日本銀行の長期国債の買入れが政府の財政ファイナンスを意図するものではないことを明確にするために，買入れ残高は日銀券発行残高の範囲内に限るというそれであった．

ところが黒田東彦前総裁時代の 2013 年 4 月に，「量的・質的金融緩和」の導

入にあたって銀行券ルールが廃止されることになったという経緯がある（逆に
いえば，銀行券ルールが廃止されたからこそ，「量的・質的金融緩和」のもとで，金融
政策の財政ファイナンス化が可能になった）．じっさい，日本銀行の長期国債の保
有額が600兆円近くに達するなかでは，また，今回の金融政策の枠組みの見直
しにあたっても月間6兆円程度（年間72兆円程度）の長期国債の買入れ額の継
続が見込まれるなかでは，銀行券ルールの復活に言及することは日本銀行に
とっておよびもつかないことであったろう．ところで，2024年3月末の発行
銀行券の残高は約121兆円である．

　ちなみに，植田総裁は，記者の質問に答えるかたちで，金融政策の新しい枠
組みを，欧米の中央銀行並みの「普通の金融政策」への復帰と名付けた．たし
かに，「長短金利操作付き量的・質的金融緩」の枠組みおよびマイナス金利政
策ばかりではなく，黒田前総裁以来の「量的・質的金融緩和」の枠組みそのも
のを廃止し，短期金利政策に復帰したという意味では，「普通の金融政策」へ
の復帰と名付けることに無理はないといえよう．

　周知のように，「量的・質的金融緩和」の最大の特徴は，金融市場調節の操
作目標を従来の無担保コールレート（オーバーナイト物）から新たにマネタリー
ベースに変更したことにあった．つまり，無担保コールレート（オーバーナイ
ト物）という「金利」（短期金利）からのベースマネーという「量」への変更で
あった．

　筆者は，「マイナス金利付き量的・質的金融緩和」の導入ならびに「長短金
利操作付き量的・質的金融緩和」の導入とともに，日本銀行は事実上金利政策
に復帰したしたものと考えてきた．もっとも，後者においては，短期金利ばか
りではなく，長期金利でさえも操作対象とされているのであるが．しかし，そ
れにもかかわらず，たとえば，2024年1月23日の政策委員会・金融政策決定
会合の公表文のなかにさえ，「量的・質的金融緩和」の名残りとも呼ぶべき次
の一文が放置されていた．すなわち，「マネタリーベースについては，消費者
物価指数（除く生鮮食品）の前年比上昇率の実績値が安定的に2％を超えるま
で，拡大方針を継続する」，と．しかも，問題はこれにとどまらない．「マイナ

ス金利付き量的・質的金融緩和」にしても「長短金利操作付き量的・質的金融緩和」にしても，その名称のなかに，「量的・質的金融緩和」という表現が残存していたというわけである．

今回の公表文では，これらの一文や表現がすべて撤廃されるにいたった．

筆者は，早くから，「量的・質的金融緩和」の廃止，ならびに，金利政策への復帰，それも，マイナス金利付きや長短金利操作付きのそれではなく，プラスの領域で短期金利に一元化されたそれへの復帰の必要性を主張してきたので，今回の日本銀行による金融政策の枠組みの見直しそのものにたいして，素直に賛意を表したいと思う．

2．日本銀行の債務超過化の必然性

もっとも，「普通の金融政策」に復帰したからといっても，「金融政策の正常化」が達成されたわけではない．

異次元金融緩和からの「出口」政策の追及の過程で，日本銀行自身が債務超過という状態に必然的に陥らざるをえなくなると警告を発する論者は数多い．そのうち，最新のものとして，筆者がとりわけ注目するのは，『日本銀行 我が国に迫る危機』（講談社現代新書，2023 年）のなかの日本総合研究所の河村小百合氏の指摘である．

河村氏は，第 1 章「日本銀行に迫る債務超過の危機」において，以下のように主張する．

> 日銀はこれまで，これほど大規模な異次元緩和をこれほどの長期間続けてきてしまった結果，ひとたび利上げ局面に入れば中央銀行としての財務運営はたちどころに悪化し，赤字に転化するのが確実な状態にすでに陥っている．しかもその状態が数年続くだけで日銀は債務超過に転落するうえ，数十兆円単位，場合によってはそれ以上の相当に大幅な債務超過状態が数年とか 10 年とかいう程度の期間では済まず数十年〔十数年？〕単位で長期化する可能性すらある．

日銀も当座預金に利息を支払わなければなくなった．しかも悩ましいのは，資産サイドの国債についている金利と負債サイドの当座預金への付利水準との間で，果たして“利ザヤ”が稼げるか，という点である．そこで，日銀の運用資産利回りの推移をみると，日銀はこれまで長らく超低金利の国債を買い入れ続けてきたうえ，2016年度からは10年国債金利をゼロ％近辺に抑えつけるイールド・カーブ・コントロール〔「長短金利操作付き量的・質的金融緩和」〕という金融政策をやってきた結果，日銀自身が買い入れた国債についている利回りの加重平均も低下する一方で，2022年9月末時点ではわずか0.221％しかない．国債以外の買い入れ資産〔ETF，J−REIT，CP等，社債等〕も含めた運用資産全体でみても0.190％でしかない．要するに，日銀が今後，短期金利をわずか0.2％に引き上げるだけで日銀自身が“逆ざや”状態に陥ることを意味する．しかも〔金融機関が保有する〕現在の日銀の当座預金は約500兆円ある．日銀が例えば短期の政策金利を1.2％に引き上げれば“逆ざや”の幅は1％ポイントになるが，〔同時に，金融機関が保有する当座預金のうち，所要準備額相当部分を超える超過準備額相当部分に1.2％の付利を行う必要が生じることから〕この“逆ざや”の幅が1％ポイント開くごとに，年度当たり5兆円のコストが日銀にのしかかることになる．

　図表〔省略〕は，日銀の近年の経常利益の推移を内訳別にみたものである．国債を実に540兆円も保有しているにもかかわらず国が日銀に払っている国債の利息はわずか1兆円強しかなく，近年では〔日銀の経常利益が〕ETFの収益頼みになっていることがよくわかる．この状態で日銀が利上げ局面に入り，〔金融機関が保有する〕当座預金の付利水準を0.2％に引き上げるだけで毎年度1兆円，1％に引き上げれば同5兆円のコストがかかることになる．日銀が金利引き上げ局面に入れば，他の条件（株式市況等〔が悪化の方向に〕）が動かないと仮定しても，あっという間に赤字に転落するのは自明である．

　しかも，日銀のバランス・シートをみると，日銀の自己資本は，〔資本

金にくわえて〕準備金や引当金を含めても 11 兆円強しかない．日銀も将来，利上げ局面に入ればこうなることはわかっているため，2015 年度から国債から得られる利息収入の一定部分を債券取引損失引当金として，積み立ててきてはいるが，とてもそれで賄えそうな赤字の幅ではない〔債券取引損失引当金はすでに上記の自己資本のなかに含まれている〕．日銀の赤字が年度当たり 5 兆円になれば，ほぼ 2 年で自己資本を食いつぶしてしまうことになる．そうなれば，正真正銘の債務超過転落である．利上げで赤字となる期間が 1 年や 2 年で済む保証はどこにもない．むしろ長期化する可能性の方が高く，ひとたび，債務超過にまで転落すれば，相当長期化する可能性も否定できない．

以上である．

筆者には，河村氏によるこの論理はきわめて妥当なものであると思われる．

じっさい，2024 年 3 月末の貸借対照表によれば，日本銀行の自己資本として目立つのは，資本金 1 億円，法定準備金 3 兆 5,000 億円，債券取引損失引当金 7 兆円，外国為替等取引損失引当金 2 兆 9,000 億円ぐらいのものである．あわせて，13 兆 4,001 億円にすぎない．また，2024 年 3 月 19 日の政策委員会・金融政策決定会合において，ETF の新規の買入れが中止されることになった．したがって，今後は ETF から得られる運用益の増額もそれほど多くは期待できない．ちなみに，2023 年度の損益計算書によれば日本銀行による ETF の運用益は，1 兆 2,000 億円であった．

3．植田総裁による反論

このような警告にたいして，植田総裁は，2023 年 9 月 30 日の日本金融学会 2023 年度秋季大会における特別講演「中央銀行の財務と金融政策運営」のなかで，以下のように反論する．

第 1 に，中央銀行のバランスシートと収益について．

最初に，中央銀行のバランスシートの基本的な構造について話す．日本銀行をはじめとした主要中央銀行は，伝統的には短期金融市場の資金量を調節することによって短期金利を目標水準にコントロールすることで，金融政策を行ってきた．こうした金融調節の手段として，金融機関に対する貸付けといった短期オペや国債の買入れなどを行うが，これらは，中央銀行のバランスシートの資産側に計上されることになる．その一方で，負債・資本側には，金融機関の所要準備としての当座預金や政府の預金，発行した銀行券，資本などが計上される．

第2に，こうしたバランスシートのもとでの収益構造である．中央銀行は，買い入れた国債等の資産から利息収入を受け取る．その一方で，負債側の銀行券や金融機関の所要準備としての当座預金は，金利が付されないという意味で無コストである．この差分で得られる収益が「通貨発行益（シニョレッジ）」と呼ばれるものであり，中央銀行は，通常，この収益を安定的にあげることができる．

つぎに，バランスシートの収縮局面における中央銀行の収益変化のメカニズムについて．

金融政策が引き締め方向に向かいバランスシートが縮小していく出口局面で，一般的に中央銀行の収益がどのように変動するかを説明する．この局面では，資産側では国債等，負債側では当座預金が減少していくと考えられる．その際には，短期金利を上昇させるために，〔超過準備としての〕当座預金に対する付利金利を引き上げていくことになる．その結果，支払利息が増加し，中央銀行の収益は下押しされる．現在，インフレへの対応から金融引き締めを進めている米国連邦準備制度（FRB）や，欧州中央銀行（ECB），イングランド銀行（BOE）などは，こうした局面にあり，実際に収益が減少している．

このように，出口局面入りからしばらくの間，中央銀行の収益は下押し

されることになる．もっとも，その後は，当座預金の減少に伴い支払利息が減少していく．その一方で，一定量の保有が必要な国債に関しては，いずれかのタイミングでは，満期償還時に再投資していくことになる．そうなれば，金利が上昇する中で，保有国債は順次利回りの高いものに入れ替わり，受取利息が増加していく．このため，その時々の経済・物価・金融情勢とそれに基づく金融政策運営に依存するが，やや長い目でみれば，通常，中央銀行の収益はいずれ回復していくことになる．

最後に，中央銀行の財務と金融政策運営の関係について．

　こうした議論を総合的に理解すると，中央銀行の財務と金融政策運営の関係については，次のような結論になると考えられる．すなわち，「基本的に中央銀行については，〔銀行券や当座預金といった支払決済手段を自身で提供できることから〕収益や資本の減少によって直ちにオペレーショナルな意味での政策運営能力が損なわれることはない．ただし，収益や資本の減少を契機とする信認の低下を防ぐため，財務の健全性への配慮も大事である」ということである．

　また，植田総裁は，わが国の場合，「日本銀行の収益や資本が減少すると，通貨の信認が失われるのではないか」という疑問にたいして，以下のように回答する．

　最も基本的な疑問は，「日本銀行の収益や資本が減少すると通貨の信認が失われるのではないか」というものではないか．この点，現在，日本を含め多くの国・地域で採用されている管理通貨制度のもとでは，中央銀行は，「物価の安定」を実現する観点から，金利の水準や通貨の発行量をコントロールしている．したがって，通貨の信認は，中央銀行の保有資産や財務の健全性によって直接的に担保されるものではなく，適切な金融政策

運営により「物価の安定」を図ることを通じて確保されるものになっている.

つづけて,植田総裁は,「出口の局面で逆ざやが発生するのではないか.日本銀行の収益が大幅に赤字となり,長期間にわたり債務超過が続くのではないか」という疑問にたいして,以下のように回答する.

　　次に,「日本銀行は,出口の局面で逆ざやが発生するのではないか,収益が大幅に赤字となり,長期間にわたり債務超過が続くのではないか」という懸念についてである.たしかに大規模金融緩和の出口局面では,〔超過準備としての〕当座預金に対する付利金利の引き上げによって支払利息が増加するため,収益は下押しされる.もっとも,そうした局面では,経済・物価情勢の好転とともに長期金利も上昇すると予想されるので,保有国債がより高い利回りの国債に入れ替わることで,受取利息も増加されると見込まれる.このため,実際に逆ざやが起きるのか,起きる場合に日本銀行の財務にどの程度の影響をもたらすのかについて,現時点で正確に予測することはできない.

　　外部の有識者からは,一定のシナリオを設定したうえで,日本銀行の財務をシミュレーションしたものが発表されている.その結果をみると,シナリオの設定の仕方に応じて,様々であることがわかる.収益の振幅度合いに影響を与える要因に関して説明したように,例えば,国債の再投資を全く行わない,あるいは,短期金利が急激に上昇するといった前提を置くと,先行きの収益の減少は大きくなる.したがって,そうしたシミュレーションを見る際には,国債の再投資の規模,イールドカーブの形状と変化,〔金利が支払われない負債としての〕銀行券発行残高の動向などについてどのような前提が置かれているのかについても留意する必要がある.

そして,ここでも,最後に,中央銀行の財務と金融政策運営に関する日本銀

行の基本的な考え方がまとめられる.

　以上が，中央銀行の財務と金融政策運営に関する日本銀行の基本的な考え方である．まとめると，通貨の信認は，適切な金融政策運営により「物価の安定」を図ることを通じて確保されるものである．そうした前提のもと，中央銀行は，やや長い目でみれば，通常，収益が確保される構造にあるほか，自ら支払決済手段を提供することができる．したがって，一時的に赤字や債務超過になっても，政策運営能力は損なわれない．ただし，いくら赤字や債務超過になってもよいということではない．中央銀行の財務リスクが着目されて中央銀行の金融政策を巡る無用の混乱が生じる場合，そのことが信認の低下につながるリスクがある．日本銀行としては，こうした考えのもとで，財務の健全性にも留意しつつ，適切な政策運営に努めていくことが適当であると考えている．

以上である.

　みられるように，河村氏に比べて，植田総裁は，日本銀行の財務の先行きについてきわめて楽観的な見地にたつ．植田総裁によるこうした詳細な説明にもかかわらず，筆者は，先にあげた理由によって，出口政策の局面において，日本銀行は必然的に債務超過に陥らざるをえなくなるものと考えている．あるいは，先にあげた理由に副えて，次の理由もつけくわえることができるであろう．日本銀行は，2024 年 6 月 14 日の政策委員会・金融政策決定会合において，以下の決定を行った．すなわち，「次回金融政策決定会合までの長期国債および CP 等・社債等の買入れについては 2024 年 3 月の金融政策決定会合において決定された方針に沿って実施する．その後については，金融市場において長期金利がより自由な形で形成されるよう，長期国債買入れを減額していく方針を決定した．市場参加者の意見も確認し，次回金融政策決定会合において，今後 1〜2 年程度の具体的な減額計画を決定する」，と．ちなみに，当日の記者会見の席上，植田総裁は，以下のような言質を与えた．「今日の会合で

は，3月に決定した枠組みの見直し後の金融市場の状況を確認したうえで，金融市場において長期金利がより自由なかたちで形成されるよう，国債買入れを減額していく方針を決定したところです．その際，国債買入れは国債市場の安定に配慮するための柔軟性を確保しつつ，予見可能なかたちで減額していくことが適切であるという基本的な考え方も共有致しました．減額する以上，相応の規模になるというふうに考えていますが，具体的な減額の幅やペース，減額の枠組みなどについて，市場参加者の意見も確認しながら，しっかりとした減額計画を作っていきたいと考えております」．ここで注目されるのは，「減額する以上，相応の規模になると考えています」という発言である．長期国債買入れの減額は，その対象が既発債に向けられるにせよ新発債に向けられるにせよ，これはこれで日本銀行の収益の減少につながることにならざるをえないわけである．

　もっとも，筆者は，長期国債買入れの減額そのものに反対しているわけではない．ここでは事実を確認しただけの話である．

　ちなみに，FRB にしても ECB にしても，問題となっているのは収益の減少ないし財務の一時的な赤字であって，長期的な債務超過の必然性という意味でのそれではない．つまり，それらの中央銀行と日本銀行とのあいだには問題の量的・質的な深刻さの度合いが大きく異なっている．

　ただ，BOE の場合は別である．植田総裁の指摘によれば，英国は，次のような状況に置かれている．

　　英国では，BOE が子会社である資産買入れファシリティ（APF）を通じて大規模な資産買入れを行ってきた．この APF は，資産買入れの原資として，BOE から借入れを行う一方，資産買入れにかかる損益は政府に帰属する仕組みになっている．こうした中，BOE が，急速かつ大幅な政策金利の引き上げを実施したため，APF では逆ざやが発生している．2022年10月以降は，保有する資産の利息収入では BOE からの借入金の利払いをカバーできない事態となったため，政府から不足金額の補填を受ける

形となった.

　わが国においても，旧日本銀行法には，政府による日本銀行への資金援助に
かんする規定が存在した．附則に謳われた，「当分の間，準備金並びに特別準
備金の金額を使用してもなお毎事業年度に生じた損失を補填するに不足する場
合には，政府はその不足額を補填しなければならない」，という規定がそれで
ある．しかし，この附則は，新日本銀行法のもとでは，第3条第1項の「日本
銀行の通貨及び金融の調節における自主性は尊重されなければならない」，と
いう規定との整合性を保つために，削除されることになった．ここで，「通貨
及び金融の調節」とは金融政策のことを，「自主性」とは独立性のことを指
す．日本銀行の金融政策の独立性と政府による資金補填とは両立しがたいこと
がらだからである．要するに，政府が日本銀行にたいして資金補填を行うため
には，日本銀行法の改正が先行する必要があるし，また，そうなればなった
で，今度は，日本銀行の金融政策の政府からの独立性が財政面から侵害される
ことになるというわけである.

　しかも，問題はそれにとどまらない．というのは，日本銀行の金融政策の財
政ファイナンス化によって，日本銀行の財務が債務超過になったからといっ
て，逆に，日本銀行が当の政府から資金補填を受けるのは，まさに矛盾そのも
のにほかならないからである.

4．日本銀行の債務超過化と日銀券にたいする国民の信認

　話を本筋に戻すならば，問題の核心は，日本銀行が債務超過に陥った場合
に，日銀券にたいする国民の信認が揺らぐことはありえないのかどうかという
点に帰着する.

　筆者は，そうした可能性は残ると考えている.

　日本銀行調査統計局の資金循環表によれば，2023年12月末の家計の金融資
産は2,141兆円に達し，そのうち現金・預金は1,141兆円（52.6パーセント）を
占める．現金には日本銀行が発行する日銀券と，政府が発行する硬貨とが含ま

れるが，このうち，硬貨は無視してよいほどの金額にすぎない．

じつは，日銀券は，日本銀行のバランスシート上では，負債として位置づけられる．これは，金本位制の時代の名残りである．金本位制の時代には，日銀券は兌換銀行券と呼ばれ，国民から要請がありしだい，金貨による支払いがなされた．まさに，日本銀行の負債そのものであったわけである．ところが，今日では，日銀券の兌換は停止され，それにともない，日銀券は不換銀行券に転化し，管理通貨制の時代と称されるようになった．負債だからといって，日銀券所有者が負債の弁済を要求して日本銀行の窓口で日銀券を差し出したとしても，日本銀行職員は戸惑うばかりで，せいぜいのところ，古い日銀券を新しい日銀券に交換してくれるだけのことにとどまる．要するに，現行の日本銀行法には負債としての日銀券にたいする弁済の規定そのものが存在しない．

なぜそんなことになったのであろうか．その理由は，複式簿記では，借方の部には資産，貸方の部には負債と資本という項目しか見出せないからである．

現在の日銀券発行の経緯は，以下のとおりである．たとえば，日本銀行に長期国債を売却した銀行はその代金を日銀当座預金の増額というかたちで受け取る．これが，企業や家計が預金を日銀券で引き出すにあたっての銀行の原資となる．企業や家計による預金の日銀券による引出しに際して，銀行は日銀当座預金を解約し，銀行券を日本銀行から本支店に持ち帰り，窓口や ATM をつうじて，企業や家計に引き渡すことになる．これを日本銀行の立場から見直すと，以下のとおりである．長期国債という資産の増加と引き換えに，日銀当座預金という負債が増加することになった．日銀当座預金を負債と呼ぶことにはそれなりの根拠がある．というのは，日銀当座預金は日銀券という通貨支払約束だからである．ここには，弁済というかたちが形式的なものであるとはいえ，なお残されている．他方では，すでにみたように，日銀券には何らの弁済の規定も存在しない．ところが，日銀券は負債としての日銀当座預金が置き換わったものである．要するに，日銀当座預金を負債として位置づける以上，日銀券もまた負債として位置づける以外に方策はないということになる．

あるいは，次のように言い換えてもよいかもしれない．すなわち，借方の資

産の部に対応するのが，貸方の負債・資本の部である．日本銀行が，金融政策の遂行の結果として，資本の部と資産の部を同時的に増加させるようなことはありえないことがらであるから，結局のところ，資産の部の増加には日銀券を含む負債の部を増加させる以外には方策はありえないのだ，と．

　ここから，はからずも，複式簿記の有する欠陥が浮き彫りになる．要するに，複式簿記は，企業の資産および負債・資本の動向をおおむね正確に反映するものではあるが，ときには，資産の部および負債・資本の部は現実をかならずしも正確に反映しないこともありうるというわけである．

　さて，前置きが長くなった．

　日本銀行の自己資本とは，資本金に，法定準備金等，債券取引損失引当金，外国為替等取引損失引当金を加えたものである．また，日本銀行の自己資本比率とは，資本金に，法定準備金等，債券取引損失引当金，外国為替等取引損失引当金を加えた金額を銀行券平均残高で割ったものである．したがって，出口の局面で逆ざやが発生することになれば，これらの自己資本が取り崩されることになるから，自己資本比率は限りなくゼロに近づくことになる．

　このように，日銀券にたいする自己資本的裏付けに疑問が呈せられる状態に陥ったとして，日銀券にたいする国民の信認がなお維持されると想定することがはたして可能であろうか．最初の段階では，すべての国民がいっせいに動き出す必要はない．ほんの一部の自覚的な国民が日銀券にたいする信認を放棄して，いわゆる換物運動に走るだけで十分である．一部の自覚的な国民が動き出すだけで，その他の国民は雪崩をうったようにその後ろ姿を追いかけることになるであろう．ちょうど，銀行にたいする預金者による預金の取り付けと同じような騒ぎが発生することになるわけである．異なるのは，銀行の取り付けの場合には，背後に「最後の貸し手」として中央銀行が控えているが，銀行券の信認にたいする国民の信頼の喪失の場合には，背後に誰も控える者はいないということである．しかも，ことはこれにとどまらない．預金は銀行にとって預金者にたいする日銀券支払約束にすぎないから，日銀券にたいする換物運動に預金の換物運動が続くことにならざるをえない．

そうなれば，もはや，いわゆる「ハイパー・インフレ」の発生につながるであろう．国民にとっては，通貨として使用できるものは，政府が発行する硬貨を除けば日銀券と預金以外には存在しないが，そのすべてが購買力として動員されることになるわけだからである．

　念のためにいえば，筆者は，ハイパー・インフレの発生を願っているわけでも望んでいるわけでもない．ただ，日本銀行の財務状態は見かたによればここまで悪化しているのだということに警鐘を鳴らしたいだけの話である．植田総裁は，事態を楽観視するのではなく，最悪の事態が発生しうることも想定して，国民との対話に臨むべきではなかろうか．

　ハイパー・インフレの発生の危険性に比べて，危険性の度合いははるかに小さいが，すでに危機的状況が顕在化しつつあるといえるのが，日銀券や円建て預金からの外国の金融資産への資金逃避という問題である．その直接の原因は，物価高にともなう日銀券や円建て預金の価値の目減り，ならびに，日本と外国との金利差に求められる．しかし，この事実もまた，その深部において，日銀券の信認にたいする国民の信頼の部分的喪失という要因と結びついていることは疑いをいれない．しかも，日銀券や円建て預金からの外国の金融資産への逃避は，一層の円安と一層の物価高という皮肉な結果をもたらすことにならざるをえない．

5．政策金利の1パーセントへの引き上げの可能性

　それでは，河村氏が主張するように，日本銀行の政策金利が1パーセントに引き上げられる可能性ははたして考えられることであろうか．

　本節においては，この問題を考察することにする．

　内田眞一副総裁は，2024年2月8日の奈良県金融経済懇談会における挨拶「最近の金融経済情勢と金融政策運営」のなかで，以下のように説明する．すなわち，「先ほどご説明した見通しを前提にすれば，仮にマイナス金利を解除しても，その後にどんどん利上げをしていくようなパスは考えにくく，緩和的な金融環境を維持していくことになると思います」，と．

これが総裁，副総裁，審議委員のあいだの共通のコンセンサスであることを筆者も十分に承知しているつもりである．

そのうえで，二つの論点を提起しておくことにしたい．

第1は，FRBと日本銀行のあいだの政策金利格差の大きさという問題である．日本銀行は，2024年3月19日の政策委員会・金融政策決定会合で，新たな金融市場調節方針として，無担保コールレート（オーバーナイト物）を採用し，それが0〜0.1パーセントで推移するよう促すことを決定したが，その時点でのFRBの政策金利は5.25〜5.50パーセントの水準にあった．つまり，日米の政策金利格差はほとんど解消されていない．逆にいえば，日本銀行にはまだまだ金利引き上げの余地があるということである．

第2は，同日の金融政策決定会合後に，また，4月26日の金融政策決定会合後に一段と円安・ドル高が進展したことから，今後，円安とそれにともなう物価高を阻止するために，政策金利の引き上げという新たな手段が利用されるようになりそうなことである．

とくに，4月26日以降の円安・ドル高の進展には，植田総裁の記者会見の席上における不用意ともいえる以下の発言が関係していた．質問──「つまり今回のこれ〔円安の進行〕は基調的な物価上昇率への影響は無視できる範囲だったという認識でよろしいのでしょうか」．回答──「はい」．

市場参加者はこの発言を日本銀行による円安容認を意味するものと受け止め，4月末には円の対ドル相場が1ドル＝160円台にまで急落した．

さすがにこれはまずかったとの反省が働いたのであろう．植田総裁は，5月8日の読売新聞懇話会における講演「賃金と物価の好循環と今後の金融政策運営」のなかで，上記の発言を以下のように修正した．すなわち，「特に，このところ企業の賃金・物価設定行動が積極化するもとで，過去に比べると為替の変動が物価に影響を及ぼしやすくなっている面があることは，意識しておく必要があると考えています」，「仮に，物価見通しが上振れたり，あるいは，上振れリスクが高まった場合には，金利をより早めに調整していくことが適当になると考えられます」，と．

周知のように，日本銀行法第40条第2項では，「日本銀行は，その行う外国為替の売買であって，本邦通貨の外国為替相場の安定を目的とするものについては，……国の事務を取り扱う者として行うものとする」，と謳われており，本邦通貨の外国為替相場の安定を目的とするものについては日本銀行の判断で外国為替の売買を行うことは禁じられている．ところが，他方では，第2条では，「日本銀行は，通貨及び金融の調節を行うに当たっては，物価の安定を図ることを通じて，国民経済の健全な発展に資することを目的とする」と謳われており，円安にともなう物価高を阻止するための金融政策の発動（政策金利の引き上げ）は禁じられていない．

なるほど，これまでのところ，円安にともなう物価高を阻止するために日本銀行が金融政策の発動（政策金利の引き上げ）を行ったという事実は見出すことができない．だからといって，現状に鑑みて，今後ともそうであるといいきることもできないであろう．それどころか，その必要性は，ますます高まりそうな気配にある．

問題をこのように整理するならば，近くとはいわないまでも，2年程度の将来までを見据えるならば，日本銀行による1パーセントへの政策金利の引き上げは十分にありうることだと筆者には思われてならない．

ちなみに，日本経済新聞編集委員の清水功哉氏は，『マイナス金利解除でどう変わる』（日経プレミアシリーズ，2024年）の第2章「追加利上げはいつか，金利はどこまで上がるか」のなかで，2025年末までの見通しとして，シナリオBを「追加利上げは2〜3回，金利は0.5〜0.75％程度に上昇」を確率60％として，メインシナリオに位置づけ，また，シナリオCを「追加利上げは4〜5回，金利は1〜1.25％程度に上昇」を確率20％として，サブシナリオに位置づけている．また，同氏は，「利上げを早めるかもしれない円安」，「為替市場での円安も日銀の〔利上げの〕判断を左右しそう」，とも言及している．

6．FRBと日本銀行とのあいだの財務運営にかんする情報公開上の差異

　河村氏は，前著『日本銀行　我が国に迫る危機』の第4章「欧米中銀との金融政策運営との比較でわかる日銀の"異常さ"」のなかで，出口局面におけるFed（連邦準備制度）と日本銀行のあいだの財政運営にかんする情報公開上の差異という問題について，以下のように論断する．

　　さらに注目されるのは，出口局面において，Fedの財務運営が悪影響を受けかねないという点に関しても，正常化への着手前にきちんとFOMC〔連邦公開市場委員会〕において検討し，しかもその内容を財政運営の試算結果も含めて，対外的に公開していた点である．FOMCで出口問題が初めてとりあげられたのは2012年12月のことであった．FRBスタッフによる，金利シナリオごとのFedの財政運営の試算結果が提示され，その試算結果をみたFOMCメンバーの多くが，かなりの衝撃を受けた様子がその後公表された議事要旨や議事録から窺える．その前回の会合までは，議論にも上っていなかった，先行きの政策運営に関する慎重論がこの回のFOMCから強まり，2014年1月からの正常化策への着手（まず，資産買い入れを減額する"テーパリング"）につながっていくことになった．FOMCのメンバーらは，先行きの金利次第では，Fed自身の財政運営がどれだけ悪化することになるのかを見せられ，そうであれば，事態が悪化しない前にできるだけFedの資産規模を縮小するなど，正常化を進めなければならない，という方向に傾いたのだと思われる．

　　なお，FedはFOMCにおけるこのような議論と並行して，2013年1月，対外向けにFRBスタッフによるディスカッション・ペーパーという形ながら，正常化局面におけるFedの財務運営等に関する試算結果を公表している．その内容は，先行き市場金利シナリオによっては，Fedが赤字に転落し，財務省への納付金が数年間にわたりゼロになりかねない，と

いう厳しい試算結果を含むものであった〔Fed の赤字化ということであって債務超過化ということではない〕.

米国では，各回の FOMC の内容は，開催 3 週間後の時点では議事要旨を公表すれば足り，会合で実際に用いられた資料は 5 年後の詳細な議事録公表の時点で初めて公表されることになっている．であるにもかかわらず，Fed としてスタッフのディスカッション・ペーパーという形で出口の試算結果をわざわざ公表した背景には，バーナンキ議長率いる当時の Fed 首脳陣が，FOMC の議事概要を公表するだけでは，この Fed の出口における財政問題の重大さが米国民や市場関係者に十分に伝わらない，と考えたからこそだったのではないであろうか.

そして，その公表内容は当時，グラフ付きで米国の主要紙（The Wall Street Journal）や世界的な経済誌である The Economist 等で報じられ，私も実際にその記事を目にした．こうした政策運営からは，〔世界金融〕危機後に実施してきた大規模な資産買い入れには，長期金利の低下といった都合の良いことがらばかりではなく，都合の悪いことも起こり得るのだ，ということをも米国民や市場に説明しようとする，Fed の中央銀行として責任ある誠実な姿勢が伝えられてくる．こうした誠実で正直な情報開示や説明があるからこそ，米国民や市場関係者は，「然るべき時が来たら正常化しなければならない」ことを身をもって理解できるのであろう．バーナンキ Fed と黒田日銀との間で政策運営姿勢のあまりにも大きな差があることは明らかである．日銀の黒田総裁がこれまで 10 年近くの間，国会の参考人質疑や記者会見の場等で，何度となく出口戦略や正常化策を問われても，"時期尚早" と答えるばかりで逃げ続けてきたのとは大違いである.

以上である.

なんとまあ，Fed と日本銀行とのあいだに，出口政策（前者は金利引き下げの方向，後者は金利引き上げの方向）ならびに将来の財務状況にかんして，国民や市場関係者にたいする情報開示という側面で，大きな差異が存在することであ

ろうか．まさに，一方を，責任，誠実，正直と性格づけることができるとするならば，他方を，無責任，不誠実，不正直と性格づけることができるほどである．

しかし，筆者には，この無責任，不誠実，不正直という性格は，黒田前総裁に見出されるばかりではなく，植田総裁にも引き継がれているように思われてならない．

先に，植田総裁による 2023 年 9 月 30 日の日本金融学会 2023 年度秋季大会における特別講演「中央銀行の財務と金融政策運営」の内容を検討した．筆者の知るかぎり，これは，日本銀行が自身の将来の財政見通しについて触れた唯一の文献である．

なるほど，筆者も，次の論点を承認することにはやぶさかではない．すなわち，「基本的に，中央銀行については，収益や資本の減少によって直ちにオペレーショナルな意味での政策運営能力が損なわれることはない」，「中央銀行は，自身で支払決済手段を提供することができる構造にあります．このため，中央銀行は，適切な金融政策運営を行っているという前提のもとでは，一時的に収益や資本が減少しても，政策運営能力が損なわれることはありません」，と．

しかし，一時的な収益や資本の減少ではなく，長期的に債務超過に陥る場合にはどうであろうか．日本銀行の自己資本とは，資本金に，法定準備金等，債券取引損失引当金，外国為替等取引損失引当金を加えたものである．また，日本銀行の自己資本比率とは，資本金に，法定準備金等，債券取引損失引当金，外国為替等取引損失引当金を加えた金額を銀行券平均残高で割ったものである．したがって，出口の局面で逆ざやが発生することになれば，これらの自己資本が取り崩されることになるから，自己資本比率は限りなくゼロに近づくことになる．このように，日銀券にたいする資本的裏付けに疑問が呈せられる状態に陥ったとして，日銀券にたいする国民の信頼がなお維持されると想定することがはたしてできるのであろうか．日本銀行のバランスシート上では日銀券は負債の部に位置づけられているが，日本銀行法にはその負債の具体的な弁済

方法が明記されているわけではない.

筆者は, 確率は低いが, 一部の自覚的な国民が日銀券の信認にたいする信頼を放棄して, 換物運動に走り, ハイパー・インフレが発生する可能性が現実に存在するものと判断している.

筆者が, 植田総裁は, 日本銀行の将来的な財務運営について, 事態を楽観視するのではなく, 最悪の事態が生じうることをも想定して, それこそ責任を感じつつ誠実かつ正直に, 国民との対話に臨むべきであると主張するゆえんにほかならない.

7. 補　　遺

以上の原稿を, 中央大学企業研究所「世界金融危機後の各国の金融制度・金融規制・金融政策の比較研究」チームの高橋豊治主査に提出したのは, 2024年7月1日のことであった.

しかし, その後, 日本銀行による金融政策上の重大な変更もなされたし, また, 同行の関係者からの金融政策をめぐる重要な発言もなされるにいたっている.

そこで, 本節においては, 補遺ということで, これらの変更や発言を整理することにしたい.

第1の問題は, 日本銀行が, 2024年7月31日の政策委員会・金融政策決定会合において, 金融市場調節方針の変更ならびに長期国債買入れの減額方針を決定したことである.

前者については, 無担保コールレート（オーバーナイト物）を, それまでの0～0.1パーセント程度から0.25パーセント程度で推移するように変更するというものである. それにともなって, 金融機関が日本銀行に保有する当座預金の超過準備部分にたいしても, 適用利率が0.1パーセントから0.25パーセントに変更されることになった. なお, 当日の記者会見のなかで, 植田総裁は, 円安の物価への影響が今回の利上げの最大の要因であったと考えてよいのかとの質問に答えつつ, 次のような発言を繰り返した.「加えまして, これまでの為替

円安もあって，輸入物価が再び上昇に転じていまして，物価の上振れリスクには注意する必要もあると考えています」．「円安の物価への影響ですけれども，これは先ほど申し上げましたように，私どもの中心的な見通しを動かすというかたちでは見通しに織り込んでないわけですけれども，それが動くかもしれないという情報にですね，重要なリスクと認識して，政策判断の一つの理由としたということでございます」．「今回の利上げということで申し上げれば，経済・物価データがオントラックであったということであります．それに加えて，足許の円安が上振れリスクを発生させているということもあって，政策変更にいたったということでございます」．要するに，同総裁は，円安の物価への影響が今回の利上げにたいする，「必ずしも最大の要因ではなかった」ものの，「政策判断の一つの理由とした」ことまでは認めるというわけである．

後者については，6月14日の金融政策決定会合の決定を受けたものである．その内容は次のとおりである．月間の長期国債の買入れ予定額を，原則として，毎四半期4,000億円程度ずつ減額し，2026年1〜3月に3兆円程度に減額する．つまり，2004年の3月時点と比べて，月間買入れ予定額は半額程度になるというわけである．

第2の問題は，「金融政策決定会合における主な意見（2024年7月30，31日開催分）」のなかに，金融政策運営にかんするものとして，「2025年度後半の『物価安定の目標』実現を前提とすると，そこに向けて，政策金利は中立金利まで引き上げていくべきである．中立金利は最低でも1%程度とみている」，といううそれがあったことである．これは総裁ないし副総裁の発言ではありえない．おそらく，審議委員の一人の発言である．それはともかく，政策委員のなかに，2025年度末までに政策金利を最低でも1%程度に引き上げるべきであるという意見が登場するにいたったことは注目に値するといえるであろう．

第3の問題は，2024年7月の政策委員会・金融政策決定会合以降の総裁・副総裁の発言の変化に関するものである．

この決定会合直後のわが国の金融資本市場は大荒れの様相を呈することになった．つまり，大幅な円高・株安という状況に見舞われたというわけであ

る．その理由は，おりからアメリカ経済の先行きを懸念させるようなデータの公表が相次いだこと，この時点での利上げを予想していなかった市場参加者にサプライズ感を与える結果となったこと，「引き続き政策金利の引き上げ，金融緩和の度合いを調整していく」という記者会見の席上における植田総裁の発言が影響したこと，こうした要因が重なったためである．このうち，植田総裁の発言は，次のようなものであった．すなわち，「今回の展望レポートで示した経済・物価の見通しが実現していくとすれば，それに応じて引き続き政策金利を引き上げ，金融緩和の度合いを調整していくことになると考えています」，「その際に0.5％は壁として意識されるかというご質問だったと思いますが，そこは特に意識しておりません」，と．

　こうした状況に最初に反応したのが内田副総裁であった．同副総裁は8月7日の函館市金融経済懇談会における挨拶「最近の金融経済情勢と金融政策運営」のなかで，以下のように指摘した．すなわち，「金融資本市場が不安定な状況で，利上げをすることはありません」，「当面，現在の水準で金融緩和をしっかりと続けていく必要があると考えています」，と．

　内田副総裁のこの指摘に肯定的に反応したのが，植田総裁である．同総裁は，9月20日の記者会見の席上において，以下のように解説する．すなわち，「金融資本市場ではアメリカをはじめとする海外経済の先行きを巡る不透明感が意識されていまして，引き続き不安定な状況にあると認識しています．当面は，きわめて高い緊張感を持って注視し，わが国経済の見通しやリスク，見通し実現の確度への影響をしっかりと見極めていく必要があると思います．政策判断に当たっては，内外の金融資本市場の動きそのものだけではなくて，その変動の背後にある，申し上げましたような米国をはじめとする海外経済の状況などについて，丁寧に確認していくことが重要であると考えています．この点，最近の為替動向も踏まえますと年初以降の為替安定に伴う輸入物価上昇を受けた物価上振れリスクは相応に減少しているとみています．従って，政策判断に当たって，先ほど申し上げてきたような点を確認していく時間的な余裕はあると考えています」，と．

ここで,「時間的な余裕はある」という表現をどのように理解するべきかということが問題になるが,筆者は,結局のところ,次回の利上げを判断するにあたっての「時間的な余裕がある」という意味に理解するべきだと考えている.要するに,植田総裁は,内田副総裁の発言を再確認したというわけである.

ところが,植田総裁のこの姿勢は,10月31日の記者会見の席上において反転することになった.すなわち,「時間的余裕の話ですけれども,これは……6,7月から9月上旬くらいまで心配されていた米国経済のダウンサイドリスクにまつわるもの,そこのところを見極めるための時間的余裕という意味で使っていますので,これがなくなるとともにこの表現も使わなくなるというふうに考えています」,「米国経済に関するある種のリスクに特に注目するということは,……いったんやめて,普通の金融政策決定のやり方に戻るということでございます」,「時間的余裕という表現は,今後使わないことになるかと思います」,と.

ちなみに,植田総裁のこうした姿勢の転換を背景として,「経済・物価情勢の展望(2024年10月)」における今後の金融政策運営についての見通しも,7月のそれをそのまま踏襲することになった.すなわち,「金融政策運営については,先行きの経済・物価・金融情勢次第であるが,現在の実質金利がきわめて低い水準にあることを踏まえると,以上のような経済・物価の見通しが実現していくとすれば,それに応じて,引き続き政策金利の引き上げ,金融緩和の度合いを調整していくことになると考えている」,と.

第3章 利子率決定のテイラー・ルールと信用及び
貨幣の創造の統合マクロ金融モデルと
金融財政政策

藤 原 秀 夫

1. 序

　世紀の転換点であった 2000 年の前後，利子率に関するテイラー・ルール（Taylor rule）の理論・実証研究の蓄積を基に，テキストレベルのマクロ経済モデルにおいても発想の転換がなされた．それは，R. Romar に代表されるニュー・ケインジアンの俊英たちによって主導されたことは，周知のことである．いわゆる図解的な IS/LM 分析では，周知のように，証券利子率の決定の分析装置は LM 曲線と呼ばれるが，転換されたニュー・モデルでは，この LM 曲線が放逐され，代わりにテイラー・ルールが接合される．もはや，貨幣市場の均衡条件の情報ではなく，テイラー・ルールの情報に置き換えられることよって内生変数の同時決定モデルの金融変数である利子率が決定される．ニュー・モデルの論理の基本構造はこれに尽きる[1]．

　この転換に遡ること 10 年余の 1988 年には，IS/LM・モデルからの発想の別の転換がなされていて，それは，バーナンキ＝ブラインダーによって主導された．テキストレベルのマクロ経済モデルでは，間接金融のキー変数である銀行貸出が証券の代替的変数として存在せず，同時決定モデルにおいては，金融仲介の基礎的部分が欠落していた．つまり，彼らの発想の転換によって，マクロ的枠組みの下での金融仲介による信用・貨幣の創造が均衡マクロ同時決定モデ

ルの範囲内でも取り扱えるようになっていた．それまで，この主題はマクロ一般均衡モデルの外側にあった[2]．

筆者は，この金融構造に関わる2つの転換モデルの統合モデルが定式化されるべきであると考えている．他の諸科学の研究と同様に，基本的構造における理論的転換は統一的な枠組みの中に整合的に包摂されるべきであるが，そのためには，この統合モデルが，均衡及び不均衡において整合性を持つかどうかが慎重に検討されなければならない．本稿はその基礎的な試論である．

2．整合性問題の所在とその解明

テイラー・ルールで利子率を決定するニュー・モデルには，整合性の観点から2つの問題がある．1つは，マクロ貨幣経済の制約であるワルラス法則の下で，均衡，不均衡のモデルの全体像が整合性を持つ場合，貨幣市場や証券市場の均衡条件はどのような役割を果たしているのか，という問題である．さらに，テイラー・ルールを市場利子率の決定ルールとしてモデルを構成した場合，それを政策利子率（誘導目標）の決定ルールとしてモデルを構成した場合のいずれも整合的なモデルが多様に存在するが，前者のモデルと後者のモデルの接合の基本構造どのようになっているのか，という問題がある．

⑴　単純なモデル

IS/LM・モデルからの転換のためのテイラー・ルールを導入したきわめて単純なテキストモデルで，内部整合性を検討する．様々な点で単純化がなされている．

$$Y = C(Y - T) + I(i) + G \tag{2-1}$$

$$i = r^* + a(\Phi - \Phi_f) + \beta(Y - Y_s) \tag{2-2}$$

$$(dP/dt)/P = \Phi = f(Y : \Psi), \tag{2-3}$$

$$1 > C > 0, \quad I' < 0, \quad a > 0, \quad \beta > 0, \quad f_Y > 0, \quad f_\Psi > 0 \tag{2-4}$$

ここで，マクロ経済変数を定義しておこう．Y：実質所得，P：物価，i：証

券利子率，r^*：自然利子率，C：実質消費需要，I：実質投資需要，G：実質政府支出，T：実質租税（定額税），Y_s：潜在実質所得，Ψ：インフレ率に影響を及ぼす構造的要因，とする[3]．

　(2-1) 式は，財市場の均衡条件，(2-2) 式は，テイラー・ルール，(2-3) 式は，インフレ率関数，をそれぞれ表している．潜在実質所得，自然利子率は構造変数で与えられており，実質租税，実質政府支出，目標インフレ率は政策変数とする．このモデルでは，貨幣市場と証券市場は明示的には定式化されていないが，実質所得と証券利子率の同時決定モデルである．均衡の性質は，自明である．

　(2-2) 式のテイラー・ルールを，供給関数を考慮して，後述の分析のために次のように変形する[4]．

$$i = r^* + (\alpha f(Y : \Psi) + \beta Y) - \alpha \Phi_f - \beta Y_f \qquad (2\text{-}2)'$$
$$= Q(Y : \Phi_f, \cdot), \quad Q_Y = \alpha f_Y + \beta > 0$$

　証券利子率のテイラー・ルールは，形式的には，それが実質所得の増加関数であることを意味している．したがって，財市場の均衡条件から，ただちに，財政赤字増大を伴う政府支出拡張政策や減税政策の効果が明らかとなる．均衡財政政策の効果も自明であろう．

$$\partial Y/\partial G|_{T = \text{const.}} > 0, \ \partial Y/\partial T|_{G = \text{const.}} < 0, \ 1 > \partial Y/\partial G|_{dG = dT} > 0 \ (2\text{-}5)'$$
$$\frac{\partial Y}{\partial \Phi_f} > 0$$

　財市場が，伝統的な所得調整で不均衡が調整される市場である限り，その均衡は安定である．したがって，これらの財政政策の有効性も，少なくとも短期的には，確定する．

⑵　明示的ではない金融政策と貨幣市場均衡モデル

　上記のテイラー・ルールを導入した短期のマクロ経済モデルでは，確かに実質所得と証券利子率の同時決定に，貨幣市場の均衡も証券市場の均衡も関わら

ない. したがって, 短期均衡を分析する限りにおいては, これらの市場は取り上げなくてよい. ニュー・ケインジアンはケインジアンのLM曲線のドグマに対して, この放棄を主張するが, 証券市場については何も言及がない. 本稿では, この単純なテイラー・ルールを導入したマクロ経済モデルがLM曲線のないケインジアン・モデルとして成功しているのかどうかを分析し, 同時に証券市場がこの単純なモデルでどのような役割を果たしているのかについても明らかにする.

前述したように, このモデルがケインジアモデルであるとするならば, 不均衡調整モデルが次のように定式化できることは明らかであろう.

$$\dot{Y} = k(C(Y - T) + I(i) + G - Y), \quad k > 0 \tag{2-6}$$

$$i = Q(Y: \Phi_f, \cdot)$$

$$d\dot{Y}/dY = k((C' - 1) + I' Q_Y) < 0 \tag{2-7}$$

この調整により, 財市場の均衡は安定である. 不均衡調整過程においても, 利子率のテイラー・ルールが成立する. この調整過程を財政政策ショックに対応して図解的に説明する. 当該経済はテイラー・ルールを表す曲線上を移動する. テイラー・ルールの背後では, この市場利子率決定ルールが成立するように量的な金融政策の調整が瞬時に行われていることが前提であるとすれば, 貨幣市場もしくは証券市場のいずれか1つが, 実現した実質所得と利子率の下で, 瞬時に均衡していると考えられる. だが, 後述するようにワルラス法則をモデルの制約とする限り, 貨幣市場か証券市場のいずれか1つは, 財市場の不均衡に対応する逆の不均衡になければならない. 以下では, さしあたり, 貨幣市場が均衡し, 瞬時に実質貨幣残高を決定していると仮定しておこう. つまり, 貨幣供給は実質においても名目においても内生化されこの市場で決定されている. この論点の確認は, 後述するように, 整合性の保持のためには, 不可欠である.

$$u = M^d(Y - T, i), \quad M^d_y > 0, M^d_i < 0 \tag{2-8}$$

$$u = M^S_n \diagup P$$

ここで，M^S_n：名目貨幣供給，M^d：実質貨幣需要，u：実質貨幣供給（実質貨幣残高），$y(= Y - T)$：実質可処分所得，とする．

(2-8) 式は，実質所得と証券利子率が，財市場とテイラー・ルールで同時に決定される下で，実質貨幣残高を瞬時に決定している．LM 曲線は，短期均衡を支えるように実質貨幣残高を決定する役割を果たしていたのである．したがって，この場合，貨幣市場の均衡曲線である LM 曲線は，貨幣市場の均衡を保証する実質所得と実質貨幣残高の組み合わせを表している．

以下で，このニュー・モデルが，ワルラス法則の制約の下で，整合的に理解できるかを検討する．民間部門（家計プラス企業）の収支均等式は，次のように表わされる．物価で測った実質表示のモデルで，民間部門は貨幣錯覚を持たない．

$$B^S + Y = C + I + E^h + M^d + T \tag{2-9}$$

新たな変数を定義する．B^S：実質証券供給，E^h：（家計の）実質証券需要，とする．

単純化のために企業部門は証券を需要しないと仮定する．(2-9) 式は，民間部門は証券供給による資金と実質所得を元にして，消費支出，投資支出を行い，租税を支払い，貨幣と証券を需要する．政府部門の収支均等式は，次のようになる．政府は，民間部門と同様に貨幣錯覚を持たない[5]．

$$T + B^g = G \tag{2-10}$$

ここで，B^g：政府の実質証券供給，とする．証券については，政府債券と民間債券は同じ債券で1種類と仮定する．

中央銀行の貨幣は証券の需要によって供給される．

$$M^S_n \diagup P = E^b \tag{2-11}$$

ここで，E^b：中央銀行の実質証券需要，とする．

(2-9) － (2-11) 式を集計すれば，ワルラス法則が導出される．利払い利子収入は相殺されるので，無視する．

$$\{Y - (C + I + G)\} + \{(M^S_n / P) - M^d\} \tag{2-12}$$
$$+ \{(B^S + B^g) - (E^h + E^b)\} = 0$$

(2-12) 式のワルラス法則を制約とすれば，貨幣市場が瞬時に均衡している下で，財市場の不均衡は証券市場の不均衡と鏡像のように対応していることになる．

$$(C + I + G) - Y = (B^S + B^g) - (E^h + E^b) \tag{2-13}$$

ここで，議論を完結せるために，民間部門の証券需給の行動方程式を単純化して定式化しておこう．

$$B^S = B^S(I), \; 1 \geqq B^{S\prime} > 0, \tag{2-14}$$
$$E^h = E^h(Y - T, \; i), \; 1 > E^h_y > 0, \; E^h_i > 0$$

民間部門の収支均等式から，民間部門の行動方程式の制約条件を求めておこう．

$$B^{S\prime} I^{\prime} - E^h_i - M^d_i = I^{\prime}, \; (1 - C^{\prime}) = E^h_y + M^d_y \tag{2-15}$$

ワルラス法則が制約であるならば，(2-6) 式の実質所得を調整変数とする財市場不均衡調整モデルは，下記の不均衡調整モデルと同値でなければならない．それは，(2-13) 式に表されているように，財市場の不均衡と証券市場の不均衡が鏡像関係にあるからである．不均衡調整モデルは，中央銀行の実質証券需要が実質貨幣供給に一致することを考慮し，政府の収支均等式を考慮して表せば，次のようなモデルとなる．

$$\dot{Y} = k[B^S(I(i)) + (G - T) - E^h(Y - T, \; i) - u] \tag{2-16}$$

$$i = Q(Y; \cdot)$$
$$u = M^d(Y - T, i) \quad ((2\text{-}8) \text{式})$$

(2-15) 式の制約条件を考慮すれば，このモデルで，次の性質が成立する．

$$\dot{dY}/dY = k[(B^{S'} I' - E^h_i - M^d_i)Q_Y - (E^h_y + M^d_y)] \qquad (2\text{-}17)$$
$$= k[(C' - 1) + I' Q_Y] < 0$$

(2-17) 式は (2-7) 式に一致し，(2-6) 式のモデルは，(2-16) 式のモデルと同値であることが分かる．その前提条件が，貨幣市場の均衡によって実質貨幣供給が内生的に決定されるということである．この貨幣市場の均衡条件がなければ，不均衡調整モデルが整合的に構成されていることが証明できない．不均衡調整モデルで均衡の安定性が証明できなければ，厳密に言えば，最初のテイラー・ルールを導入したニュー・モデルの均衡の性質が分析できない．

この同値性の証明によって，ニュー・ケインジアンが放逐を試みた LM 曲

図 3-1

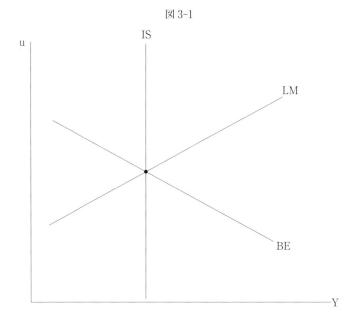

図 3-2

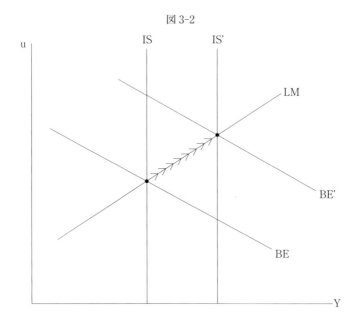

線は，不均衡調整モデルまで遡って検討するならば，整合性保持のために，放逐することができないこと明らかである．確かに，短期均衡において，利子率の決定には，貨幣市場の均衡条件は関わらない．しかしながら，実質貨幣残高の決定のための不可欠の条件となっているのである．実質貨幣残高の決定なくしては，不均衡調整モデルの整合性が証明できない．つまり，LM 曲線のないマクロ金融モデルなどは，部分的にはありえても全体像としては存在しえないと結論することができる．

　図 3-2 では，財政拡張政策のトランスミッション・メカニズムが図解されている．当該経済は，LM 曲線上を新しい均衡に向けて，進む．このように，政策のトランスミッション・メカニズムを，半分離体系の一部で説明するのではなく全体的に説明するためには，LM 曲線は不可欠である．

(3) 代替モデルとしての証券市場均衡モデル

　ニュー・モデルの不均衡調整モデルには，上記のモデルが唯一で，代替モデ

ルは存在しないのかが検討されなければならない。代替モデルが存在すること
は，ワルラス法則を制約とする限り，論理的には IS/LM・モデルと同様であ
る。財市場が不均衡であれば，貨幣市場と証券市場のいずれかの市場が対応す
る不均衡であればよい。実質貨幣残高は残余の市場均衡で決定される。とすれ
ば，証券市場の均衡で実質貨幣残高が決定され，財市場の不均衡に対応して貨
幣市場が不均衡であるという代替モデルが存在することは明らかである。この
代替モデルは，次のように定式化される。

$$(C + I + G) - Y \equiv u - M^d \qquad (2\text{-}18)$$
$$B^s(I(i)) + G - T = E^h(Y - T, \ i) + u \qquad (2\text{-}19)$$

短期均衡モデルは，実質貨幣残高の決定まで含めれば，(2-1)，(2-2)′式と
(2-19) 式で構成され，貨幣市場の均衡を取り上げるモデルと同様に，内生変
数の決定に関する半分離体系のモデルとなる。すなわち，財市場の均衡とテイ
ラー・ルールによって実質所得と利子率が決定され，その下で，証券市場の均
衡によって，実質貨幣残高が決定される。このモデルの不均衡調整モデル，
(2-6) 式に対応するもう 1 つの整合的な代替モデルは，次のように定式化でき
る。

$$\dot{Y} = k[u - M^d(Y - T, \ i)], \qquad (2\text{-}20)$$
$$i = Q(Y; \ \cdot)$$
$$B^s(I(i)) + (G - T) = E^h(Y - T, \ i) + u$$

証券市場は常に均衡し，実質貨幣残高は，(2-19) 式で決定される。実質貨
幣残高を消去し，テイラー・ルールを代入すれば，不均衡調整モデルは，次の
ように変形することができる。

$$\dot{Y} = k[B^s(I(Q(Y; \ \cdot))) - E^h(Y - T, \ Q(Y; \ \cdot)) \qquad (2\text{-}21)$$
$$+ (G - T) - M^d(Y - T, \ Q(Y; \ \cdot))]$$

制約条件，(2-15) 式を考慮すれば，下記の性質が導出される。

$$dY\!\!/dY = k[-(E^h_y + M^d_y) + (B^{S'}I' - E^h_i - M^d_i)Q_Y]\qquad (2\text{-}22)$$
$$= k[(C'-1) + I'Q_Y] < 0$$

以上により，証券市場の均衡を仮定し，実質貨幣残高がこの市場で決定されるとする不均衡調整モデル（(2-20) 式）は，(2-6) 式の不均衡調整モデルとまったく同値であることが分かる．

ところが，下記の2つの不均衡調整モデルは，異なったモデルである．したがって，財政政策ショックに対応する実質所得と実質貨幣残高の運動は異なる．

$$\dot{Y} = k[\{C(Y-T) + I(i) + G\} - Y],\quad k > 0 \qquad (2\text{-}23)$$
$$i = Q(Y;\,\cdot\,),\ (テイラー・ルール)$$
$$u = M^d(Y-T,\ i)$$
$$[C(Y-T) + I(i) + G - Y \equiv B^S(I(i)) + (G-T)$$
$$- E^h(Y-T,\ i) - u]$$

(2-23) 式のモデルで，[ ] で囲まれた2市場の不均衡は，いずれか一方が独立ではない．したがって，証券市場の不均衡が消去されているが，それでもって所得調整を考えた (2-16) 式のモデルは整合的に対応するモデルで同値である．

$$\dot{Y} = k[C(Y-T) + I(i) + G - Y],\ k > 0 \qquad (2\text{-}24)$$
$$i = Q(Y;\,\cdot\,),\ (テイラー・ルール)$$
$$B^S(I(i)) + (G-T) = E^h(Y-T,\ i) + u$$
$$[C(Y-T) + I(i-\pi) + G - Y \equiv u - M^d(Y-T,\ i\,;\pi)]$$

(2-23) 式の不均衡調整モデルと (2-24) 式の不均衡調整モデルは，まったく異なったモデルである．前者モデルでは，実質貨幣残高を決定するのは貨幣市場の均衡条件であり，後者のモデルではそれを決定するのは証券市場の均衡条件である．(2-24) 式のモデルで，[ ] で囲まれた関係は，財市場の不均衡

が貨幣市場の不均衡に鏡像として対応していることを意味しており，この調整モデルと（2-20）式の調整モデルは同値であり，それは，整合的に対応するモデルである．この（2-23），（2-24）式の異なる不均衡調整モデルの内部の整合性を検討することと，実質貨幣残高がどの市場で決定されるのかの因果律の問題は，まったく別個の問題である．財政政策ショックの波及過程における実質所得と実質貨幣残高の運動は，証券市場均衡モデルの場合は以下のようになる．実質貨幣残高は証券市場の均衡で決定され，貨幣市場が不均衡となる．貨幣市場の均衡で実質貨幣残高が決定されるというモデルは，唯一のモデルではない．証券市場が均衡し，貨幣市場が不均衡で財市場の鏡像となる．財市場の所得調整は貨幣市場の不均衡に置き換えても同値である．このモデルは，中央銀行が実際に量的緩和政策を実施する市場が証券市場であるだけに，現実性のある重要なモデルであることが分かる．いずれにしても，不均衡調整モデルの全体像としては，内部に整合的で同値であるモデルを有する2つの異なるモデルに分岐するというものである．

図 3-3

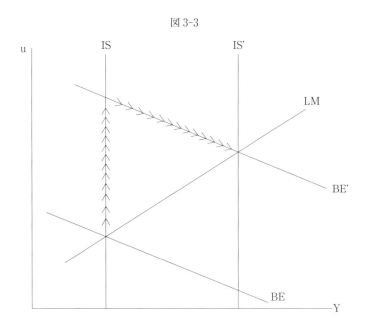

52

　実質貨幣残高が貨幣市場で決定されるとする不均衡調整モデルは，単調な運動であるが証券市場で実質貨幣残高が決定されるとする不均衡調整モデルは，実質貨幣残高の運動が，オーバーシューティングという現象を伴い，単調な運動とはならない[6]．

⑷　政策テイラー・ルールと量的緩和政策

1)　利子率政策としてのテイラー・ルール

　ここで，利子率のテイラー・ルールを，誘導目標利子率（政策利子率）を操作する場合の政策ルールであるという考え方（政策テイラー・ルール）を導入する．この論点は，現実の金融政策には極めて重要である．この政策ルールによる操作目標に誘導する金融政策を定式化することによって，上記の単純なニュー・モデル（2-1）〜（2-3）が，実質貨幣残高が一定値に収束する定常均衡のモデルに一致することを証明することができる．

　利子率決定の分析装置として，古典的な LM 曲線の代替ツールとして，「テイラー・ルール型金融政策」（利子率政策）をマクロ経済モデルに接合して，政策利子率と貨幣供給の相互関係を明示的に定式化したトータルの金融政策の有効性を分析することが，近年，リアリティのある分析として評価されている．これは，いわゆる「政策テイラー・ルール」であるが，利子率政策によって誘導されるのは，市場利子率である．この操作がほぼ市場利子率をコントロールできるとすれば，テイラー・ルールによって市場利子率が決定されるとして，短期マクロ経済モデルを構成し，金融政策の有効性を分析するということが可能となる[7]．勿論，現実には誤差はあるが，それが決定的なものでない限り，理論的には有効であろう．

　前者の政策テイラー・ルールを採用したモデルは，動学的金融政策モデルとなることは明らかである．量的変数である貨幣供給が動学的変数となるので，市場利子率を決定する LM 曲線は必須条件である．ワルラス法則の制約の下で，代替的に証券市場の均衡条件が取って代わってもよい．「後者のモデル」では，市場利子率そのものがテイラー・ルールを通じて直接決定されるので，

政策利子率自体は明示的ではない．前者の動学的金融政策モデルの定常均衡が「後者のモデル」となるというのが，筆者の見解である．実証的にも，政策テイラー・ルールが予想する利子率が実現市場利子率とどの程度誤差があるかによって金融政策の有効性が分析される．「後者のモデル」では，明示的なマクロ内生変数の決定において LM 曲線は必須ではないが，これと証券市場の均衡条件との間で新たな整合性の問題が生じる．単純なモデルでも複雑に錯綜するこうした謎とも言うべき問題の筆者の解決案を提示する．

2）　政策テイラー・ルールと動学的金融政策モデル

政策テイラー・ルールを定式化しておこう．

ここで，ih：利子率の誘導目標，Φ：インフレ率，Φ_f：インフレ目標，Ys：潜在的実質所得，r^*：自然利子率，とする．

下記の（2-25）式で決定されるのは，利子率の誘導（操作）目標であり市場利子率ではない．市場利子率は，財市場の均衡条件及び証券市場と貨幣市場のいずれかの均衡条件の同時均衡で同時決定される．利子率誘導目標付きの量的金融政策を次のように定式化する．

$$ih = r^* + a\,(\Phi - \Phi_f) + \beta\,(Y - Ys),\ \ 1 > a > 0,\ \ 1 > \beta > 0$$

$$\text{(2-25)}$$

$$(dM^s_n/dt)\big/M^s_n = m = m(i - ih),\ \ m' > 0,\ \ m(0) = \Phi$$

$$\text{(2-26)}$$

誘導目標より市場利子率が上回っている場合，貨幣供給増加率（m）を引き上げる．下回っている場合は，逆である．一致した場合は，インフレ率に等しく貨幣供給増加率を決める．貨幣供給増加率は内生化される．この金融政策の動学方程式を，単純なマクロ経済モデルに接合する．ただし，短期均衡においては，実質所得と利子率の同時決定に，貨幣市場と証証券市場のいずれかの均衡条件が関わる．任意の 1 市場はワルラス法則により，独立ではない．

$$Y = C(Y - T) + I(i - \pi) + G,\ \ u = M^d(Y - T,\ i) \qquad \text{(2-27)}$$

動学方程式は，実質貨幣残高とインフレ率に関するものである．

$$\Phi = q(Y ; \cdot) + \delta \pi, \quad q' > 0, \ 1 > \delta > 0, \tag{2-28}$$
$$du / dt = u(m - \Phi), \ d\pi / dt = \lambda (\Phi - \pi)$$

(2-27) 式の市場均衡モデルは，単純な IS/LM・モデルに予想インフレ率を考慮したモデルとなっている．市場均衡では，実質貨幣供給と予想インフレ率は与えられていると仮定される．実質貨幣残高と予想インフレ率が与えられた短期市場均衡で決定される実質所得と名目利子率は，次のように表すことができる．

$$Y = F(u ; \pi, \ G, \ T), \quad i = H(u ; \pi, \ G, \ T) \tag{2-29}$$
$$\varDelta = (1 - C')M^d{}_2 + I' \ M^d{}_1 < 0,$$
$$F\pi = (- I'M^d{}_2) / \varDelta > 0, \ Fu = I' / \varDelta > 0,$$
$$Hu = (1 - C') / \varDelta < 0$$

実質貨幣残高のこの単純なモデルの動学方程式は，次のようになる．

$$du / dt = u[m \{H(u ; \pi, \ G, \ T) - r^* \tag{2-28}'$$
$$- a (q(F(u, \ \pi ; G, \ T) + \delta \ \pi) - \Phi_f) - \beta (F(u, \ \pi ; G, \ T)$$
$$- Ys)\} - \{q(F(u ; \pi, \ G, \ T) + \delta \ \pi)\}]$$

u が一定値に収束した場合を定常均衡と定義する．定常均衡では，$m = \Phi$ が成立する．したがって，$i = ih$ となり，市場利子率は利子率誘導目標に一致する．下記のように，名目利子率のテイラー・ルールが成立し，定常均衡では，財市場の均衡条件とテイラー・ルールで，実質所得と利子率は決定される．

$$Y = C(Y - T) + I(i - \pi) + G \tag{2-30}$$
$$i = r^* + a (q(Y ; \cdot) + \delta \ \pi - \Phi_f) + \beta (Y - Ys)$$

定常均衡は安定である．この定常均衡モデルは，テイラー・ルールと財市場の均衡条件で構成される単純な市場均衡モデルと全く同じである．予想インフ

レ率が与えられた場合，この動学的金融政策モデルは局所的に安定である．

$$(du \diagup dt) \diagup du = u[m'(Hu - (\alpha \, q' + \beta)Fu) - q' \, Fu] < 0 \qquad (2\text{-}31)$$

定常均衡では，LM曲線（ここでは，M^d_u曲線を指す）は，直接，実質所得と利子率の決定には関わらない．ではLM関係（ここでは，M^d_u関係）は，何を決定しているのか．それは，実質貨幣残高である．テイラー・ルールと所得・支出の均衡で決定された実質所得と利子率の下で，同時に，実質貨幣残高が決定される．

$$u = M^d(Y - T, \; i) \qquad (2\text{-}32)$$

したがって，実質貨幣残高が定常値に収束したモデルは，財市場の均衡とテイラー・ルールによって実質所得と利子率を決定する短期均衡モデルと同じモデルが，定常均衡において現れることになる．ニュー・モデルは，政策テイラー・ルールを導入することによって，利子率誘導目標付きの量的金融政策の有効性が実現した定常均衡のモデルであると理解することができる．以上の理論的証明を，証券市場の均衡条件を取り上げ，貨幣市場の均衡条件を消去しても，同値として展開できることは明らかである．

次の問題は，予想インフレ率の内生化である．1つの仮説は適応的仮説であるだろう．と言うのも，この仮説が今も極めて一般的だからである．

$$d\pi \diagup dt = \lambda(\Phi - \pi), \quad \lambda > 0 \qquad (2\text{-}33)$$

動学的金融政策モデルは，次の連立微分方程式で構成される．

$$
\begin{aligned}
du \diagup dt &= u[m\{H(u\,;\pi, \; G, \; T) - r^* \qquad\qquad (2\text{-}28)' \\
&\quad - \alpha(q(F(u, \; \pi\,;G, \; T) + \delta\,\pi) - \Phi_f) - \beta(F(u, \; \pi\,;G, \; T) \\
&\quad - Ys)\} - \{q(F(u\,;\pi, \; G, \; T) + \delta\,\pi)\}], \\
d\pi \diagup dt &= \lambda[q(F(u, \; \pi\,;G, \; T) + (\delta - 1)\pi] \qquad\qquad (2\text{-}33)'
\end{aligned}
$$

連立微分方程式を定常均衡近傍で一次近似し，その係数行列を求める．

$$J = [A_{i,j}], \quad i = 1, 2, \quad j = 1, 2 \tag{2-34}$$

$$A_{1,1} = (du/dt)/du = u[m'(Hu - (\alpha q' + \beta)Fu) - q'Fu] < 0$$

$$A_{1,2} = (du/dt)/d\pi = u[m'(H\pi - (\alpha q' + \alpha \delta + \beta)F\pi)$$
$$- (q'F\pi + \delta)] \gtrless 0$$

$$A_{2,1} = (d\pi/dt)/du = \lambda [q'Fu] > 0$$

$$A_{2,2} = (d\pi/dt)/d\pi = \lambda [q'F\pi + (\delta - 1)] \gtrless 0$$

局所的安定性の必十条件は,

$$tr(J) = A_{1,1} + A_{2,2} < 0, \quad det(j) = A_{1,1}A_{2,2} - A_{1,2}A_{2,1} > 0, \tag{2-35}$$

$$A_{2,2} < 0, \quad A_{1,2} < 0 \tag{2-36}$$

(2-36) 式の条件が成立すれば, (2-35) 式の条件は充たされる. したがって, (2-36) 式の条件が成立するためには, $H\pi$ (> 0), $F\pi$ (> 0), の値が, つまり, 他の条件が与えられていれば, 予想インフレ率の名目利子率と実質所得への正の効果が, (2-36) の条件を成立させるように相対的に小さい値をとらなければならない. この効果を決定的にしているのは, 貨幣需要関数の性質である.

$$0 < H\pi = 1/\{((1 - C')/(-I'))(-M^d_2/M^d_1) + 1\} < 1, \tag{2-37}$$
$$F\pi = 1/\{((1 - C')/(-I')) + (M^d_1/(-M^d_2))\} > 0$$

$A_{2,2}$ が成立するためには, $|M^d_2|$ ($M^d_2 < 0$ であるからその絶対値) が小さければ小さいほど, 予想インフレ率の実質所得への効果, $F\pi$ は小さくなり, 安定性が強化される. この条件は, 名目利子率への効果, $H\pi$ は大きくなり不安定性を強める. 消費性向や投資の利子率感応性 ($-I'$) の役割については矛盾は存在しない. ところで, 中央銀行は目標インフレ率を設定して, テイラー・ルールに沿って名目利子率を誘導していくが, この政策テイラー・ルールを持つマクロモデルの定常均衡では, 一般的には目標インフレ率は実現しない. この中央銀行の目標インフレ率に対するコンフィデンスが相対的に強く,

第3章　利子率決定のテイラー・ルールと信用及び貨幣の創造……　57

これがインフレ予想に圧倒的に強くアンカリングされている場合を検討する．つまり，中央銀行の目標インフレ率に現実のインフレ率が近づく傾向にあると公衆が確信する場合である．

$$d\pi / dt = \lambda (\varPhi_f - \varPhi) = \lambda [\varPhi_f - \{q(F(u, \pi ; \cdot) + \delta \pi\}] \quad (2\text{-}38)$$

$$A_{22} = (d\pi / dt) / d\pi = - (q' F\pi + \delta) < 0 \quad (2\text{-}39)$$

この条件は，無条件に充たされている．残るは，$A_{12} \gtrless 0$ に関する条件である．この条件を検討するうえで，次の条件が，逆転していることに注意しなければならない．

$$A_{21} = (d\pi / dt) / du = - q' Fu < 0 \quad (2\text{-}40)$$

したがって，次の逆の条件が成立しなければ，

$$A_{12} = (du / dt) / d\pi = u[m' (H\pi - (_\alpha q' + \alpha \delta + \beta) F\pi) \quad (2\text{-}41)$$
$$- (q' F\pi + \delta)] > 0$$

この条件が成立するためには，$H\pi$ が $F\pi$ より相対的に大きく，上記の条件が充たされることである．

$$det(J) = A_{11}A_{22} - A_{12}A_{21} > 0, \quad (2\text{-}42)$$

$$0 < H\pi = 1 / \{((1 - C') / (- I'))(- M^d_2 / M^d_1) + 1\} < 1, \quad (2\text{-}37)$$

$$F\pi = 1 / \{((1 - C') / (- I')) + (M^d_1 / (- M^d_2))\} > 0$$

貨幣需要関数の性質について，$H\pi$ が相対的に大きく，$F\pi$ が相対的に小さく，$A_{12} > 0$ が充たされることが必要である．そのためには，貨幣需要関数の利子率感応性，$| M^d_2 |$ が相対的に小さくなければならない．政策テイラー・ルールを持つ加速的インフレモデルの安定性のための条件は，古典的モデルとほぼ同じ条件である．

3） 古典的モデル

異次元金融緩和政策の維持か転換かの議論の中で，明示的には忘れ去られて
いるに等しい重要な論点がただ1つ存在する．これはあまりにも明白である．
今日まで持続している異次元金融緩和政策のスタートは，政府と独立性を維持
する日銀の共同による2％のインフレ目標の設定とその実現を共同して目指す
ことであった．2013年初頭がそのスタートであった．これは，衆目の一致す
るところである．インフレ目標の2％はデフレ不安定性を阻止するリフレ政策
であった．ここには，当時のデフレ的経済構造の分析があったはずである．と
ころが，今日では，詳細は省略するが，インフレ的経済構造が定着しつつある
と言ってよい．経済構造が正反対なのである．では，インフレ的経済構造が定
着したと確認できる条件は何か．世界政治経済情勢の変化など多様な条件があ
るだろう．日本では，名目賃金率の持続的上昇がそのキー変数として登場して
いる．インフレと名目賃金率上昇は加速的インフレを生み出し悪循環の可能性
がある．物価と名目賃金率の上方への循環が即好循環とはならない．その不安
定性を阻止するためのインフレ率目標はどの程度なのかは，今後必ず問題とな
る．経済活動水準に決定的な影響をもたらすのは，実質賃金率と実質利子率
（実質金利）である．名目利子率変動への規制を緩和することだけが問題なので
はない．インフレ率目標を政策的に再設定し誘導することなくして加速的イン
フレの不安定性を抑止することはできない．インフレ率目標の構造適合的再設
定が，いずれ，政策当局にとって，重要な政策課題に必ずなるはずである．こ
の問題を分析していくために，過去のアイデアを探っていくことにする．

① 修正 IS/LM モデルと加速的インフレーションの不安定性とインフレ率
目標

インフレが進行することで加速的インフレーションが起こり，インフレ経済
は不安定性をもたらすことの伝統的な議論を再考する．予想インフレ率を考慮
しそれが総需要に影響を及ぼすことを考慮したモデルが，下記の修正 IS/
LM・モデルの核心である．

$$Y = C(Y) + I(i - \pi) + G \tag{2-43}$$

$$u = M \diagup P \tag{2-44}$$

$$u = H(Y, i), \tag{2-45}$$

$$1 > C' > 0, \ I' < 0, \ 1 > H_1 > 0, \ H_2 < 0 \tag{2-46}$$

ここで，マクロ経済変数を定義しておこう． Y：実質所得，C：実質消費需要，I：実質投資需要，G：実質政府支出，u：実質貨幣残高，M：名目貨幣供給，P：物価水準，H：実質貨幣需要，とする．

(2-43) 式が財市場の均衡条件，(2-44) 式は実質貨幣残高，(2-45) 式が実質貨幣需給の均衡条件，である．市場均衡解の性質を導出しておこう．

$$(1 - C')dY - I'di = - I'd\pi + dG \tag{2-43}'$$

$$H_1 dY + H_2 di = du \tag{2-45}'$$

$$\varDelta = (1 - C')H_2 + I'H_1 < 0 \tag{2-46}'$$

$$dY \diagup dG = [(1 - C') \diagup H_2] \diagup \varDelta > 0, \ > 1,$$

$$di \diagup dG = - H1 \diagup \varDelta > 0 \qquad dY \diagup du = I' \diagup \varDelta > 0$$

$$di \diagup du = (1 - C') \diagup \varDelta < 0, \ dY \diagup d\pi = (- I'H_2) \diagup \varDelta > 0$$

$$1 > di \diagup d\pi = (I'H_1) \diagup \varDelta > 0$$

実質所得と名目利子率の市場均衡解は，次のように表すことができるであろう．

$$Y = Q(u, \ \pi ; G), \ i = F(u, \ \pi ; G), \tag{2-47}$$

$$Q_1, \ Q_2, \ Q_3 > 0, \ F_1 < 0, \ 1 > F_2 > 0$$

実質利子率の均衡解は，どのように表すことができるか．

$$i - \pi = F(u, \ \pi) - \pi, \tag{2-48}$$

$$d(i - \pi) \diagup du = F_1 < 0, \ d(i - \pi) \diagup d\pi = F_2 - 1 < 0$$

修正 IS/LM モデルをマクロ動学モデルとして変形する．そのための動学方

程式は，2つある．

$$(du/dt)/u = (dM/dt)/m - (dP/dt)/P, \tag{2-49}$$
$$d\pi/dt = \lambda[((dP/dt)/P) - \pi]$$

インフレ率関数を決定しなければならないが，インフレ予想考慮した，修正フィリップス曲線を採用する．

$$(dP/dt)/P = \Phi = q(Y) + \beta\pi, \quad q' > 0, \ 0 < \beta \leq 1, \tag{2-50}$$

金融緩和政策を次のように定式化する

$$(dM/dt)/M = m > 0 \quad m = \Phi_f = 目標インフレ率 \tag{2-51}$$

動学モデルは，以下の連立微分方程式で表すことができる．

$$du/dt = u[m - \{q(Q(u, \pi ; G)) + \beta\pi\}] \tag{2-52}$$
$$d\pi/dt = \lambda[q(Q(u, \pi ; G)) + (\beta - 1)\pi]$$

実質貨幣残高と予想インフレ率が定常値に収束する定常均衡は，次のように表すことができる．定常均衡では，目標インフレ率，インフレ率，予想インフレ率の3つのインフレ指標が一致する．

$$m = \Phi = \pi, \tag{2-53}$$
$$q(Q(u, \pi ; G)) + \beta\pi = m, \tag{2-54}$$
$$q(Q(u, \pi ; G)) + (\beta - 1)\pi = 0$$

② インフレ定常均衡の安定性

定常均衡の局所的安定性を検討する．そのために，⑽式の連立方程式を定常均衡の近傍で一次近似する．ヤコビアンは，次のように導出される．

$$J = [A_{i,j}] \quad i = 1, 2, \ j = 1, 2 \tag{2-55}$$
$$A_{1,1} = d(du/dt)/du = -uq'Q_1 < 0,$$

$$A_{1,2} = d(du / dt) / d\pi = - u(q'Q_2 + \beta) < 0,$$

$$A_{2,1} = d(d\pi / dt) / du = \lambda(q'Q_1) > 0,$$

$$A_{2,2} = d(d\pi / dt) / d\pi = \lambda[q'Q_2 + (\beta - 1)] \gtreqless 0$$

局所的安定性の必要十分条件は，一般的には充たされない．

$$tr(J) = A_{1,1} + A_{2,2} \quad > < 0 \tag{2-56}$$

$$det(J) = A_{1,1}A_{2,2} - A_{1,2}A_{2,1}$$

$$= - u \lambda[q'Q_1q'Q_2 + (\beta - 1)q'Q_1 - q'Q_1q'Q_2 - \beta q'Q_1]$$

$$= - u \lambda[- q'Q_1] > 0$$

安定性が保証されるためには，$tr(J) < 0$，が必須である．

$$A_{1,1} + A_{2,2} = - uq'Q_1 + \lambda q'Q_2 + (\beta - 1)\lambda \tag{2-57}$$

$$= - q'[(u(I' / \triangle)\} - \lambda\{- (I'H_2) / \triangle\}] + (\beta - 1)\lambda$$

$$= - q'(I' / \triangle)[u + \lambda H_2] + (\beta - 1)\lambda < 0$$

したがって，この性質が成立する一つの十分条件は，次式で表すことができる．

$$u + \lambda H_2 > 0^{8)} \tag{2-58}$$

この安定条件の経済的意味を解き明かすために，定常均衡の性質が必須となる．定常均衡は次の通りであった．

$$q(Q(u, \pi ; G)) + \beta \pi = m, \tag{2-54}$$

$$q(Q(u, \pi ; G)) + (\beta - 1)\pi = 0$$

この均衡条件を全微分方程式に変形する．

$$q'Q_1du + (q'Q_2 + \beta)d\pi = dm - q'Q_3dG, \tag{2-59}$$

$$q'Q_1du + (q'Q_2 + \beta - 1)d\pi = - q'Q_3dG$$

$$\triangle = q'Q_1q'Q_2 + q'Q_1(\beta - 1) - q'Q_1q'Q_2 - \beta q'Q_1 < 0, \tag{2-60}$$

$du／dm = \{q'Q_2 + (\beta - 1)\} ／ (- q'Q_1) ><0,$

$d\pi／dm = - q'Q_1／(- q'Q_1) = 1,$

$du／dG = [- q'Q_3q'Q_2 - (\beta - 1)q'Q_3 + q'Q_3q'Q_2 + \beta\ q'Q_3]／$

$\qquad (- q'Q_1) = (q'Q_3)／(- q'Q_1)\ = -(Q_3／Q_1)<0$

$d\pi／dG = [q'Q_1(- q'Q_3) + q'Q_1q'Q_3]／\varDelta = 0$

　財政拡張政策はインフレ率には影響を及ぼすことはできない．貨幣供給増加率を引き上げる金融緩和政策はインフレ率を押し上げる．安定条件にとって，問題は実質貨幣残高への金融財政政策の効果である．この効果は一義的には決まらない．定常均衡近傍で，実質貨幣残高は，次のような関数として表すことができる．貨幣供給増加率は目標インフレ率でもある．

$$u = k(m,\ G),\ k_1 \gtreqless 0,\ k_2 < 0 \qquad\qquad (2\text{-}61)$$

　安定性のための十分条件は，次のように変形することができる．

$$k(m,\ G) + \lambda\ H_2 > 0 \qquad\qquad (2\text{-}62)$$

　インフレ率に関する予想調整スピードは，インフレ率の高低にかかわらず与えられていると仮定する．｜H_2｜＞0，は貨幣需要の金利感応性を表す．これらが与えられれば，財政拡張政策は実質貨幣残高を減少させるので，その規模か相対的に大きくなれば，この条件は充たされない可能性が存在する．財政政策の場合，β に全く依存しない．$\beta = 1$で，目標インフレ率が大きく，金融緩和政策で貨幣供給増加率が大きくなれば実質貨幣残高が減少するので，この条件は充たされなくなる．他の条件が与えられていて，β が小さい場合，上記の逆で目標インフレ率が高いより強力な金融緩和政策が実質貨幣残高を増加させ，他の構造的の条件が与えられていれば，この安定条件が充たされやすい．実際，2016 年 9 月の日銀の金融政策の検証では，インフレ率への予想インフレ率の反映度は小さいことが指摘されている．それだけインフレ率に関しては過去のインフレ率に引きずられる傾向があることが指摘されている．この β の値

が１以下の場合，貨幣錯覚が存在すると定義される場合がある．これらの分析を日本経済に適用するならば，加速的インフレーションを引き起こさないためには，財政支出抑制政策が必要である．目標インフレ率の引き上げによる金融緩和政策の強化が安定性に寄与する場合もあるし，その逆もある．そのカギを握っているのが，修正フィリップス曲線の貨幣錯覚の程度である．貨幣錯覚がなくなり目標インフレ率引き上げによる緩和政策が不安定性を引き起こす場合は，金融引き締め政策が必要となる．

3．信用と貨幣の創造が組み込まれた標準的マクロ金融モデルとテイラー・ルール

　以下では，信用と貨幣の創造のマクロ的枠組みの下で標準的なマクロ金融モデルを定式化し，テイラー・ルールを市場利子率の決定ルールとして接合したモデルを定式化する．均衡と不均衡におけるモデルの全体像を明らかにし，上記で提示された整合性問題を検討し，モデルの含意を明らかにする．

⑴　信用と貨幣の創造の標準的なマクロ経済的的枠組み

　民間銀行部門の金融仲介によって生じる（民間銀行部門から）民間非金融部門への資金フローは間接金融である．資金余剰部門の経済主体が市場で直接，証券を需要する資金フローは直接金融であり，この直接金融の資金フローと金融仲介によって生じる間接金融の資金フローが相互にどのような影響を及ぼすのかが，金融経済分析では，重要な基本的問題である．

　金融仲介によって，民間銀行部門が貸出供給と証券を需要して民間銀行信用を供給するが，同時に派生預金を生み出す．中央銀行信用が非金融部門の供給する証券の需要である限り，中央銀行信用もまた派生預金を生み出す．これらの派生預金もまた間接証券であり，同時に貨幣であり支払準備を需要して，さらに，民間銀行部門の貸出供給及び証券の需要となる．このような連鎖により民間銀行信用が創造される．それは，同時に間接証券でもある貨幣が創造される過程でもあるから，本質的には，次の点が重要となる．

信用創造が貨幣創造を伴う金融仲介の過程で，貨幣供給量と銀行信用が一致する傾向にあるという一種の「等価原理」なるものが制約として存在するという点が，これから明らかにしていくように，信用と貨幣の創造のマクロ的枠組みの本質的に重要な論点である．

ここでは，民間銀行部門の中央銀行借入（中央銀行貸出の需要）については，単純化のために無視することにする．ベースマネーは，民間非金融部門の証券を需要することによって供給される．したがって，量的緩和政策は，この証券の需要の大きさによって測られる．中央銀行の準備預金は，民間銀行部門の準備預金需要に対して受動的に供給される．準備預金需給は常に一致している．中央銀行が実施する量的緩和政策は名目値で行われる．つまり，中央銀行は貨幣錯覚を意図的に有する．

民間銀行部門は，一般的には法定準備以外の超過準備預金を資金運用手段として利用すると仮定する．資金運用手段は，貸出供給と証券需要である．資金調達は預金供給によってなされる．民間銀行部門は，一切貨幣錯覚には陥らず，実質値を基準にして行動する．他の条件が変わらず，物価が上昇すれば，資金運用サイドでも調達サイドでも，それだけ各名目変数は増加する．

$$D^S - R^d = L^S + E^b \tag{3-1}$$

$$(CU^S_n / P) + R^d = E^C_n / P \tag{3-2}$$

貨幣供給は現金供給と決済用預金の供給によって構成されるので，その定義式は，次の式で示される．

$$M^S_n / P = D^S + CU^S_n / P \tag{3-3}$$

ここで，L^S：民間銀行部門の実質貸出供給，D^S：実質預金供給，R^d：実質準備（預金）需要，E^b：民間銀行部門の実質証券需要，E^C_n：中央銀行の名目証券需要，CU^S_n：名目現金通貨供給，M^S_n：名目貨幣供給，とする．

(3-1)，(3-2) 式を合体したものが，統合された銀行部門の制約となる．

$$D^S + (CU^S_n\diagup P) = L^S + E^b + (E^C_n\diagup P) \tag{3-4}$$

　(3-1)～(3-4) 式の枠組みでは，民間銀行信用の取引が行われる市場は一切現れていない．預金についても同様である．準備預金需給は常に一致している．統合された銀行部門の制約は常に，次のようになる．

$$M^S_n\diagup P = L^S + E^b + (E^C_n\diagup P) \tag{3-4}'$$

　(3-4) 式に (3-3) 式の貨幣供給の定義式を考慮すれば，(3-4)′式となり，貨幣（供給）の定義を除けば，この2つの式は同じものである．したがって，貨幣供給と銀行信用（本源的証券需要）は一致する．前述した制約としての「等価原理」である．間接証券に債券や各種貯蓄性預金を加えていき，その段階で貨幣供給の定義を変更していけば，(3-4)′式は常に成立する．現金と決済用預金のみに貨幣供給の定義を限定すれば，民間銀行信用を表す本源的証券需要からそれら以外の間接証券（債券や貯蓄性預金）の供給額を控除したものが，貨幣供給に一致する．貨幣供給と信用とを区別する観点からは，民間銀行部門が供給する間接証券のどこまでを貨幣（供給）定義するかは，重要な論点となるはずである．仮に，当該マクロ金融経済を分析する理論モデルが，間接証券として決済性預金しか含まないのであるならば，この「等価原理」が狭義の意味で成立する．このようなモデルでは，信用と貨幣供給の区別は本質的意味を持たない．これが本質的意味を持つためには，決済用預金のみではなく多様な間接証券を理論モデルに含み，何が貨幣であるのかを厳格に定義して，貨幣である決済用預金と一致する民間銀行信用は全体の銀行信用の一部であるということにしなければならない．本稿では，このような多様な間接証券は分析の視野の外におかれる[9]．

　これまでの枠組みで重要な論点は，次の諸点にある．預金や貸出と証券を取引する市場はまったく明示的ではないということである．部分的な信用創造モデルは，明示的に現れる経済主体は中央銀行と民間銀行部門のみである．

　中央銀行の政策的行動については，前述した．ここでは，民間銀行部門の行

動方程式を明確に定式化しておこう．これまでの議論からも明らかなように，民間銀行部門は，保有資産となる準備預金を需要し，証券需要と貸出供給によって，資金不足部門に資金を供給する．準備預金需要と貸出供給が定式化されれば，預金を与えると，それは証券需要の定式化でもある．これらの３つの行動方程式は，(3-1) 式の民間銀行部門のバランス式によって制約されているからである．本稿では，証券市場を含むモデルの全体像を重視する立場から，民間銀行部門の証券需要関数も明示的に定式化する．

　準備需要が，所要準備（法定準備）だけであれば，(3-1) 式の制約から，資金余剰（総預金額から所要準備を控除した額）は，貸出供給と証券需要となる．通常の伝統的モデルもそのように定式化されている．ここでは，超過準備需要の存在を仮定して，行動方程式を定式化する（そして，それが現実に近いし，一般的な仮定であることに留意しなければならない．）．その際，法定準備を除いた資金余剰の一定割合を超過準備需要と貸出供給と証券需要にそれぞれ割り振ると仮定する．この仮定はきわめて本質的である．超過準備預金は民間銀行部門が運用する保有資産の１つである．

　準備預金金利が政策的に決定される下で，ゼロかまたきわめて低収益であるとしても（欧州各国の例のように，マイナス金利もありうる），流動性として保有する価値は存在する．民間銀行部門は決済性預金を供給して，資金を調達している．この決済性預金は，保有者には，インフレによる課税を除いてもリスクゼロとはならない．銀行倒産やそれによるペイオフなどの問題も存在する．このようなリスクを保有者に与えずに安定して資金を調達するためには，最適な準備が所要準備とは限らないのが一般的である．

$$R^d = \tau D^S + ER, \ ER = \varepsilon (1 - \tau)D^S, \ 1 > \tau > 0, \ 1 > \varepsilon > 0$$

$$(3\text{-}5)$$

　ここで，ER：実質超過準備需要，τ：法定準備率，とする．

　式は，準備需要が所要準備と超過準備需要によって構成されることを意味している．資金余剰は，$(1 - \tau)D^S$である．これを，一定比率（ε）で，超過準

備需要と貸出とプラス証券需要に割り振って，資金運用を行うと仮定される．

　問題は，これらの道具立てで，信用と貨幣が創造されるかである．これだけでは，単に，支払準備を差し引いた額だけが資金運用されるという制約にすぎない．そこで，標準的な貨幣乗数の導出による方法は，次のとおりである．

（実質）現金保有／（実質）預金保有 = $cu > 0$

　つまり，民間非金融部門の現金・預金保有比率が，経験的に一定であるという仮説である．これは趨勢的には経験則として妥当するかもしれないが，短期的にはきわめて危うい仮定である．それは，最近のEU諸国の金融危機をみればあまりにも明白であろう．ニュー・ケインジアンは，革新的な金融技術の登場によって現金の重要性は低下し，現金の存在しないモデルで十分であるとするが，それは基本的には誤りであることを現実は示している．

　均衡マクロ同時決定モデルで，この仮説を仮定として採用することには，重要な問題が存在する．変数が供給であるのか需要であるのかを明確にしなければ，モデルに接合できない．均衡マクロ同時決定モデルは不均衡調整プロセスがあってはじめて成立する．均衡でこの仮定が成立するのであるから，それは，需要でも供給でもあるとする考え方は，不均衡調整過程の意識が欠如していると言わなければならない．上記の仮定が，需要比率でもあり供給比率でもあるとすれば，それは，現金と預金に関してそれぞれ需給が一致することを意味する．つまり，全体としての貨幣需給も均衡していることになる．均衡マクロ同時決定モデルにこの仮定を接合すると，それに対応する不均衡調整モデルでは，貨幣市場は常に均衡していなければならない．このように，この仮定は，後述するように，マクロ金融モデルの不均衡調整過程を本質的に特徴づけることになる．

　本稿では，標準的な方法を次のように理解する．民間非金融部門は貨幣錯覚を持たないと仮定する．

$$CU^d / D^d = cu, \quad cu > 0 \tag{3-6}$$

$$CU^S{}_n / P = CU^d, \quad D^S = D^d \tag{3-7}$$

$$M^S{}_n / P = M^d, \quad M^d = CU^d + D^d = (1 + cu)D^d \tag{3-8}$$

$$(CU^S{}_n / P) / D^S = cu, \quad cu > 0 \tag{3-9}$$

ここで，D^d：実質預金需要，CU^d：実質現金需要，M^d：全体としての実質貨幣需要，とする．以上のように仮定すれば，部分モデルで信用創造と貨幣の創造が導出される．それは，ベースマネーの供給（中央銀行の証券需要が対応する）と貨幣供給の一定の関係性として，である．その関係性を貨幣乗数と，通常，呼んでいる．

さて，貨幣乗数を導出しておこう．(3-9) 式の関係と準備需要関数を中央銀行の制約式，(3-2) 式に代入して，預金供給と政策的に決定される中央銀行の証券需要を，まず求める．

$$D^S = \{1 / (cu + \tau + \varepsilon (1 - \tau))\} (E^C{}_n / P) \tag{3-10}$$

貨幣供給は次のように定義される．

$$M^S{}_n / P = (1 + cu) D^S \tag{3-11}$$

したがって，貨幣乗数は以下のように表される．

$$M^S{}_n / P = m(E^C{}_n / P), \tag{3-12}$$
$$m = (1 + cu) / \{cu + \tau + \varepsilon (1 - \tau)\} > 1$$

(3-12) 式は，中央銀行が証券を需要することによりベースマネーを供給すれば，その乗数倍の貨幣が創造されることを意味している．それは同時に，統合された銀行部門の制約，つまり貨幣供給と銀行信用の等価性により，民間銀行信用と政策的に決定される中央銀行の証券需要の関係性が導出される．これが，この部分モデルの信用乗数である[10]．

$$L^S + E^b = (m - 1) (E^C{}_n / P), \tag{3-13}$$

$$m - 1 = \{(1 - \varepsilon)(1 - \tau)\} \big/ \{cu + \tau + \varepsilon(1 - \tau)\} > 0$$

(2) 「標準的モデル」

この信用・貨幣の創造の部分モデルを均衡マクロ同時決定モデルに結合する．それが，標準モデルである．そのために，民間銀行部門の実質貸出供給関数や実質証券需要関数を定式化しておこう．

$$L^{S} = \lambda(\rho, i)(1 - \tau)D^{S}, \quad 0 < \lambda < 1 \tag{3-14}$$

$$E^{b} = b(\rho, i; i_R)(1 - \tau)D^{S}, \quad 0 < b < 1$$

$$\lambda_{\rho} > 0, \quad \lambda_{i} < 0, \quad b_{\rho} < 0, \quad b_{i} > 0, \quad b_{iR} < 0 \tag{3-15}$$

ここで，i：証券利子率，ρ：貸出利子率，i_R：超過準備預金金利，とする．超過準備預金は，証券と代替的で，単純化のために，貸出とは代替性はないと仮定する．したがって，資金需要に対する超過準備の比率，ε は，以下のように定式化できる．本稿では法定準備に対する準備預金には付利は存在せず，超過準備に対応する準備預金のみ付利が存在すると仮定する．その意味で，準備預金金利は，超過準備預金金利を意味する．本稿では，超過準備預金金利は中央銀行の金融政策変数で，この政策的変更のマクロ経済的効果を分析する．

$$\varepsilon = \varepsilon(i; i_R), \quad \varepsilon_{i} < 0, \quad \varepsilon_{iR} > 0 \tag{3-16}$$

民間銀行部門の制約，（3-1）式に，代入することにより，次の制約が得られる．

$$\lambda + b + \varepsilon = 1 \tag{3-17}$$

貨幣乗数が何に依存しているのかを明らかにしておこう．資金余剰に対する超過準備比率の減少関数であるので，利子率の増加関数，超過準備預金金利の減少関数となる．

$$m = m(i; i_R), \quad m_{i} > 0, \quad m_{iR} < 0 \tag{3-18}$$

預金供給と貨幣供給の関係は，次のように表わされる．

$$D^S = (1/(1 + cu)) m(i : i_R)(E^C_n/P) \tag{3-19}$$

さて，それでは，経済全体の制約であるワルラス法則を導出しておこう．民間非金融部門は，貨幣錯覚は持たないと仮定する．その収支均等式は，現金需要と預金需要の比率に関する仮定を考慮して，次のように表しておこう．

$$L^d + B^S + Y = Y^d + M^d + E^P + T \tag{3-20}$$

ここで，L^d：実質貸出需要，B^S：民間非金融部門の実質証券供給，Y：実質所得，Y^d：財の実質需要，M^d：実質貨幣需要（$(1 + cu) D^d$），E^P：民間非金融部門の実質証券需要，T：実質租税，とする．

民間非金融部門は貸出需要と証券供給を通じて，資金を調達する．この部門内部でも証券が需要される．この部門内部の利払いと利子収入が相殺されることは自明である．また，政府からの税引き後利子収入は経済全体の制約においては政府の税引き後利払いと相殺されるので無視する．

政府部門も民間部門と同様に，貨幣錯覚には陥らない．政府部門の収支均等式は次のように表すことができる[11]．

$$T + B^g = G, \tag{3-21}$$

ここで，G：実質政府支出，B^g：政府の実質証券供給．実質政府支出と実質租税が財政政策変数である．

経済全体の制約，ワルラス法則が，下記のように導出される．

$$\{Y - (Y^d + G)\} + (M^S - M^d) + (L^d - L^S) \tag{3-22}$$
$$+ \{(B^S + B^g) - (E^b + E^C + E^P) = 0$$

市場均衡条件は，次のようになる．

$$Y = Y^d + G, \quad M^S_n/P = M^d, \quad L^S = L^d \tag{3-23}$$

$$B^S + B^g = E^b + E^P + (E^C_n \diagup P)$$

モデルを完結するために，民間非金融部門の行動方程式を単純に定式化しておこう．貨幣と証券は不完全代替であると仮定する．また，資金調達に関して貸出需要と証券供給は，代替的手段であり，不完全代替であると仮定する．財の需要は利子率感応的であると仮定する．

$$Y^d = Y^d(Y, \ i, \ \rho : T), \quad M^d = M^d(Y, \ i), \tag{3-24}$$
$$B^S = B^S(Y, \ i, \ \rho), \quad E^P = E^P(Y, \ i : T),$$
$$L^d = L^d(Y, \ i, \ \rho)$$
$$1 > Y^d_Y > 0, \ Y^d_i < 0, \ Y^d_\rho < 0, \ -1 < Y^d_T < 0, \ L^d_Y > 0, \tag{3-25}$$
$$L^d_i > 0, \ L^d_\rho < 0, \ M^d_Y > 0, \ M^d_i < 0, \ B^S_Y > 0,$$
$$B^S_i < 0, \ B^S_\rho > 0, \ E^P_Y > 0, \ E^P_i > 0, \ -1 < E^P_T < 0$$

民間非金融部門の証券を通じた外部資金調達について，次のように仮定しておこう．

$$B^S(Y, \ i, \ \rho) - E^P(Y, \ i : T) = \Omega(Y, \ i, \ \rho : T) \tag{3-26}$$
$$\Omega_Y = B^S_Y - E^P_Y < 0, \ \Omega_i = B^S_i - E^P_i < 0, \tag{3-27}$$
$$\Omega_\rho = B^S_\rho > 0, \ \Omega_T = -E^P_T > 0$$

これらの行動方程式を民間非金融部門の収支均等式に代入して，その相互関係を導出しておこう．整合性の保持のために必須の条件である．

$$L^d_Y + \Omega_Y + (1 - Y^d_Y) = M^d_Y > 0, \tag{3-28}$$
$$L^d_i + \Omega_i = Y^d_i + M^d_i < 0$$
$$L^d_\rho + \Omega_\rho = Y^d_\rho < 0$$
$$0 < \Omega_T = Y^d_T + 1 < 1$$

⑶　集約された「標準的モデル」

これで，金融財政政策のマクロ経済効果を分析できる「最小のモデル」が構

成できた．このモデルが，貨幣乗数を先行的に定式化する標準的なモデルである．民間銀行部門と民間非金融部門の行動方程式を市場均衡条件に代入すれば，標準的モデルは，次のように集約的に表すことができる．

$$Y = Y^d(Y, \ i, \ \rho \ ; T) + G \tag{3-29}$$

$$m(i ; i_R)(E^C{}_n / P) = M^d(Y, \ i, \ \pi)$$

$$\lambda(\rho, \ i)\{(1 - \tau) / (1 + cu)\} m(i ; i_R)(E^C{}_n / P)$$
$$\quad = L^d(Y, \ i, \ \rho)$$

$$\Omega(Y, \ i, \ \rho ; T) + (G - T)$$
$$\quad = b(\rho, \ i ; i_R)\{(1 - \tau) / (1 + cu)\} m(i ; i_R)(E^C{}_n / P) + (E^C{}_n / P)$$

この標準的モデルで，金融政策変数 $(E^C{}_n, \ i_R)$，財政政策変数 (G, T)，物価水準を与えれば，内生変数，$Y, \ i, \ \rho$，が同時に決定される．ワルラス法則により，任意の１市場の均衡条件は独立ではないが，伝統的には，証券市場の均衡条件が消去される．

4．物価の内生化とテイラー・ルールによる利子率の決定

⑴ テイラー・ルール

テイラー・ルールは市場利子率の決定ルールであり，インフレ率ギャップと財の需給ギャップによって利子率が決定される．インフレ率ギャップとは，現実インフレ率と政府・中央銀行の目標インフレ率とのギャップを意味している．需給ギャップとは，現実実質所得と潜在実質所得のギャップを意味する．

$$i = r^* + a(\hat{P} - \hat{P}_f) + \beta(Y - Y_f), \quad a > 0, \quad \beta > 0 \tag{4-1}$$

ここで，r^*：自然利子率，Y_f：潜在実質所得，である．
２つのギャップが解消すれば，利子率は自然利子率に一致する．

⑵ 財の供給関数とテイラー・ルール

インフレ率をベースとして，財の供給関数は，可能な限り単純化する．マー

クアップ率原理を仮定する.

$$P = (1 + \sigma)\{(wN)/Y\}, \quad 0 < \gamma < 1 \tag{4-2}$$

ここで, σ：マークアップ率, N：雇用, $\overline{N}$：労働力, w：名目賃金率, とする.

名目賃金率の決定には, 単純なエビデンス・ルールであるフィリップス・カーブを持ち込む. 失業率以外の労働市場の構造的変数ベクトル, Ψを便宜的に導入しておこう. 予想インフレ率はこの変数に含まれる.

$$\hat{w} = W(1 - (N/\overline{N}) ; \Psi), \quad W < 0, \ W_\Psi > 0 \tag{4-3}$$

産出係数は固定されていると仮定する.

$$N/Y = n = \textit{const.} \tag{4-4}$$

これらの条件の下では, 実質賃金率はマークアップ率が可変的でない限り, 不変であり, 供給関数は, 下記のように導出されることは, もはや自明であろう. マークアップ率を内生化することにより, 分析をより豊かにすることができる（(2-3) 式).

$$\hat{P} = q(Y ; \Psi), \quad q' > 0 \tag{4-5}$$

（4-4）式の供給関数を考慮すれば, テイラー・ルールは次のように単純化することができる.

$$i = r^* + a\,(q(Y ; \Psi) - \hat{P}_f) + \beta\,(Y - Y_f) \tag{4-6}$$
$$= Q(Y ; \cdot), \quad Q_Y = a\,q' + \beta > 0$$

⑶ テイラー・ルールを持つ「標準的モデル」

分析の見通しをよくし分析を単純化するために, 貸出市場の瞬時的均衡を仮

定する．貸出市場の均衡条件を消去して分析するため，貸出市場の均衡条件から，均衡貸出利子率を求めると次のようになる．

$$\rho = \phi\,(Y,\ i,\ i_R,\ u),\ u = E^C_n/P \tag{4-7}$$

$$\phi_Y = L^d_Y / [((1-\tau)/(1+cu))mu\,\lambda_\rho - L^d_\rho] > 0$$

$$\phi_u = [-\lambda\,\{(1-\tau)/(1+cu)\}\,m]$$
$$/[((1-\tau)/(1+cu))mu\,\lambda_\rho - L^d_\rho] < 0$$

$$\phi_{iR} = [-\lambda\,\{(1-\tau)/(1+cu)\}\,um_{iR}]$$
$$/[((1-\tau)/(1+cu))mu\,\lambda_\rho - L^d_\rho] > 0$$

$$\phi_i = [L^d_i - \lambda\,\{(1-\tau)/(1+cu)\}\,((mu)/i)\,\gamma]$$
$$/[((1-\tau)/(1+cu))mu\,\lambda_\rho - L^d_\rho] > 0$$

ただし，貸出利子率が証券利子率の増加関数となるためには，次の条件が必要である．

$$\gamma = (i/\lambda)\,\lambda_i + (i/m)m_i < 0 \tag{4-8}$$

この条件の経済的意味は明らかである．証券利子率が上昇したときに貨幣乗数が上昇して貨幣供給が増加し，したがって預金供給が増加し，民間銀行部門の資金余剰が増加し，貸出供給が増加する方向に作用する．これとは逆に，貸出と証券需要の代替性から，貸出が減少する方向に作用する．この2つの効果のいずれが大きいかによって，貸出利子率と証券利子率の関係が決まる．ここでは，資金運用に関する代替の利子率弾力性と貨幣乗数の利子率弾力性を比較して，前者の方が大きいと仮定することにより，この条件が保証されているとする．この条件は，後述するように，マクロ同時均衡の安定性に影響を及ぼす重要な関係である．

貸出市場の瞬時的な均衡が仮定されているので，ワルラス法則は，3市場の関係に転換される．そこで，同時均衡を分析する場合，通常のように，証券市場の均衡条件を消去すれば，このモデルで，均衡所得と均衡証券利子率が内生的に決定される．

同様に，同時均衡の分析は，証券市場の均衡条件を取り上げ，貨幣市場の均衡条件を消去しても同値である．見落としがなく，モデルが，正確に，整合的に定式化されていれば，このことが保証されているはずである．本稿では，この両者の同値性を確認する．

そこで，証券市場の均衡条件を変形しておこう．統合された銀行部門の制約式と貨幣供給関数，(3-15) 式から，すなわち，(3-16) 式から，民間銀行部門の証券需要は，次のように表すことができる．ただし，新たに貸出市場の瞬時的均衡 $(L^d = L^s)$ が仮定されている．

$$E^b = (m(i : i_R) - 1)u - L^d(Y, i, \phi(Y, i : i_R, u)) \qquad (4\text{-}9)$$

テイラー・ルールを仮定し，貸出市場の均衡条件を考慮すれば，標準的モデルは下記のように表される．利子率決定の革新的アイデアと信用と貨幣の創造の部分モデルを均衡マクロ同時決定モデルに接合した統合モデルの 1 つのモデルとなり得る．

$$Y = Y^d(Y, i, \phi(Y, i : i_R, u) : T) + G, \qquad (4\text{-}10)$$
$$i = Q(Y : \cdot)$$
$$m(i : i_R)u = M^d(Y, i), \quad E^C_n / P = u$$
$$\Omega(Y, i, \phi(Y, i : i_R, u) : T) + (G - T)$$
$$= m(i : i_R)u - L^d(Y, i, \phi(Y, i : i_R, u))$$

この標準モデルでは，部分的信用創造モデルを均衡マクロ同時決定モデルに接合する場合に貨幣市場の均衡を仮定した．このモデルでは貨幣市場の不均衡はありえない．さらに，貸出市場の瞬時的均衡が仮定されたので，不均衡になり得る市場は，財市場と証券市場のみである．均衡においては，任意の1市場は独立ではない．

標準的モデルに，テイラー・ルールを接合すれば，必然的に中央銀行の実質証券需要（すなわち実質ベースマネーの供給）は内生化される．

Part 1 $\quad Y = Y^d(Y,\ i,\ \rho\ ;\ T) + G,$ $\qquad\qquad\qquad$ (4-10)

$\qquad\quad i = Q(Y\ ;\ \cdot\ ),$

Part 2 $\quad \lambda\ (\ \rho\ ,\ i)\ \{(1 - \tau)\diagup(1 + cu)\}\ m(i,\ i_R)u$ $\qquad\qquad$ (4-11)

$\qquad\quad = L^d(Y,\ i,\ \rho),\ \Longrightarrow \rho = \phi\ (Y,\ i,\ u\ ;\ i_R)$

$\qquad\quad u = E^C_{\,n}\diagup P$

Part 3 $\quad m(i\ ;\ i_R)u = M_d(Y,\ i)$ $\qquad\qquad\qquad\qquad$ (4-12)

$\qquad\quad \Omega\ (Y,\ i,\ \rho) + (G - T)$

$\qquad\quad = m(i\ ;\ i_R)u - L^d(Y,\ i,\ \rho)$

テイラー・ルールを接合した標準モデルについては，3つのパートに分けて理解するのが合理的である．Part 1 は，財市場の均衡条件と利子率のテイラー・ルールである．Part 2 は，貸出市場の均衡条件である．Part 3 は，貨幣市場の均衡条件と証券市場の均衡条件である．ワルラス法則により，貨幣市場の均衡条件を除く，任意の1市場の均衡条件は独立ではない．貨幣市場の均衡は，部分的貨幣創造のモデルを接合するときに，すでに仮定されている．

テイラー・ルールを仮定した単純なマクロ金融モデルは，Part 1 であり，貸出利子率が与えられていれば，実質所得と利子率は，Part 1 で決定される．この決定に貨幣市場の均衡は全く関わらない．これを指して，LM 曲線のないケインジアン・モデルと規定しているが，この場合も同様である．この単純な論理が，テイラー・ルールによるマクロ金融モデルの転換の論理である．ところが，統合モデルでは，貨幣市場の均衡は不可欠である[12]．貨幣市場の均衡抜きに実質所得と証券利子率が決定されるとすれば，貨幣市場が常に均衡するためには中央銀行の実質証券需要がこの市場で決定される内生変数でなければならない．テイラー・ルールの導入によって，もはや利子率は貨幣市場を瞬時に均衡させる調整変数ではない．これは証券市場についても同様である．証券市場

の均衡でこの中央銀行の実質証券需要が決定されることも妥当なように見えるが，そうではない．証券市場の均衡は一般的にはい保証されない．

このように，中央銀行の実質証券需要が貨幣市場の均衡条件で決定されれば，貨幣供給が決まり，貸出供給関数における資金余剰が確定する．そして，貸出市場の均衡を仮定すれば，均衡貸出利子率が決定され，Part 1，Part 2によって，実質所得，証券利子率，貸出利子率が決定される．その前提が，貨幣市場の均衡における中央銀行の実質証券需要の内生的決定である．信用と貨幣の創造を含む標準モデルでは，テイラー・ルールを接合しても，貨幣市場の均衡を図で表す LM 曲線を放棄することは，均衡においてもできない[13]．言うまでもなくこの統合モデルもケインジアン・モデルの資格を有していることは明らかであろう．

以上の検討から，テイラー・ルールを接合し，貸出市場の均衡を仮定した標準的モデルは，集約的には次のように表される．集約されれば，明示化される独立した内生変数は実質所得と中央銀行の実質証券需要となる．

$$Y = Y^d(Y,\ Q(Y: \cdot),\ \phi(Y,\ Q(Y: \cdot),\ u: i_R): T) + G, \quad (4\text{-}10)'$$
$$[i = Q(Y: \cdot)]$$
$$m(Q(Y: \cdot): i_R)u = M^d(Y,\ Q(Y: \cdot)),$$
$$\Omega(Y,\ Q(Y: \cdot),\ \phi(Y,\ Q(Y: \cdot),\ u: i_R): T) + (G - T)$$
$$= m(Q(Y: \cdot): i_R)u - L^d(Y,\ Q(Y: \cdot),\ \phi(Y,\ Q(Y: \cdot),\ u: i_R))$$

(4-9)′式は，上から，財市場の均衡条件，貨幣市場の均衡条件，証券市場の均衡条件，を表している．テイラー・ルールや均衡貸出利子率は，各市場均衡条件に代入されている．貨幣市場の均衡条件は不可欠な要素であるので，財市場の均衡条件を取り上げれば，この均衡マクロ同時決定モデルでは，証券市場の均衡条件は独立ではない．

5．不均衡調整モデルと市場均衡の安定性

すでに述べたように，貨幣市場の均衡が仮定されている．そのことによっ

て，信用と貨幣が創造される均衡マクロ同時決定モデルが定式化された．この
モデルでは，単純化のためにさらに貸出市場の瞬時的均衡も仮定されている．
不均衡になり得る可能性のある市場は，財市場と証券市場のみである．つま
り，ワルラス法則の制約の下，証券市場の状態は，財市場の状態の鏡像であ
る．逆も真である．

　したがって，不均衡調整モデルでは証券市場の不均衡は消去することができ
る．財市場の不均衡を調整する変数は，実質所得であり，伝統的なケインジア
ンの調整過程を仮定する．

(1)　不均衡調整モデル

　不均衡調整モデルは，貸出市場の瞬時的均衡の仮定の下では，次のようにな
る（〔　〕で囲まれた証券市場の不均衡は独立ではない）．

$$\dot{Y} = \omega \left[Y^d(Y, i, \phi(Y, i, u : i_R,) : T) + G - Y \right], \quad \omega > 0 \qquad (5\text{-}1)$$

$$i = Q(Y ; \cdot)$$

$$m(i, i_R)u = M^d(Y, i) \left[\Omega(Y, i, \phi(Y, i : i_R, u) : T) + (G - T) \right.$$

$$\left. \gtrless m(i : i_R)u - L^d(Y, i, \phi(Y, i : i_R, u)) \right]$$

　市場均衡の安定性が，この不均衡調整モデルで分析することができる．不均
衡調整モデルは一義的である．証券市場の不均衡状態は，財市場の所得調整に
従属している．財市場が均衡に到達すれば，ワルラス法則により証券市場の均
衡も保証される．

　貨幣市場の均衡は中央銀行の実質証券需要の瞬時的変化によって保証され
る．中央銀行の実質証券需要の瞬時的均衡解は，次のように表される．

$$u = U(Y ; i_R), \qquad\qquad\qquad\qquad (5\text{-}2)$$

$$U_Y = \{(M^d_i - u m_i) Q_Y + M^d_Y\} \big/ m \gtrless 0$$

$$U_{iR} = - u m_{iR} \big/ m > 0$$

　(5-2) 式を考慮すれば，(5-1) 式のモデルで，下記の性質が成立すれば，市

場均衡は安定である.

$$\dot{dY} \big/ dY = \omega \left[(Y^d_Y - 1) + Y^d_\rho \phi_Y + (Y^d_i + Y^d_\rho \phi_i) Q_Y \right. \tag{5-3}$$
$$\left. + Y^d_\rho \phi_u U_Y \right] < 0$$

(5-3) 式はモデルにおかれた仮定からは，一般的には成立しない．そこで，次のような十分条件を考えてみよう．

$$\phi_i > 0, \tag{5-4}$$
$$(M^d_i - m_i) Q_Y + M^d_Y < 0, \ therefore, \ U_Y < 0$$

(5-4) 式が成立すれば，(5-3) 式が必ず成立する．これが充たされない場合でも，下記の条件が成立すれば，安定性は保証される．

$$Y^d_i + Y^d_\rho \phi_i < 0, \tag{5-5}$$
$$(M^d_i - m_i) Q_Y + M^d_Y < 0, \ therefore, \ U_Y < 0$$

財の需要の証券利子率感応性が大きければ大きいほど，この条件は充たされ安定である．以下では，(5-5) 式の条件が充たされていると仮定する．U_Y の条件は，(u, Y) 平面で貨幣市場の均衡条件が右下がりであることを意味する．

貨幣乗数の利子率感応性の安定性への関わりについて言及しておこう．貸出市場で利子率と貸出利子率の変化の同方向性を保証しているのが，(5-4) 式の最初の条件である．この条件が成立するためには，他の条件が同じであれば，貨幣乗数の利子率感応性は相対的に小さいほどよい．ところが，(5-4) 式の2番目の条件は，貨幣乗数の利子率感応性が大きければ大きいほど，安定性は充たされる．つまり，この条件については一義的には確定しない．

(2) 不均衡調整モデルと証券市場

前述したように，ワルラス法則の制約により，貨幣市場と貸出市場が均衡であるので，財市場が不均衡であれば，それと整合的に対応するように，証券市場が不均衡でなければならない．財市場の不均衡の実質所得調整モデルは，財

市場の不均衡を証券市場の不均衡に置き換えてもまったく同値でなければならない.

$$\dot{Y} = \omega\left[\Omega(Y,\ i,\ \phi(Y,\ i,\ u\ ;\ i_R)\ ;\ T) + (G - T)\right. \tag{5-6}$$
$$\left. - \{m(i\ ;\ i_R)u - L^d(Y,\ i,\ \phi(Y,\ i,\ u\ ;\ i_R))\}\right],$$
$$i = Q(Y\ ;\ \cdot),$$
$$m(i\ ;\ i_R)u = M^d(Y,\ i),$$
$$[[Y^d(Y,\ i,\ \phi(Y,\ i,\ u\ ;\ i_R)\ ;\ T) + G \gtreqless Y]]$$

この不均衡調整モデルは，(5-1) 式のそれと同値であることが証明されなければならない．貨幣市場の均衡条件は，中央銀行の実質証券需要について解かれて，(5-2) 式で表されている．この微分方程式は，次のようになる．(3-28) 式の制約条件を考慮してその性質が求められなければならない．

$$\dot{Y} = \omega\left[\Omega(Y,\ Q(Y\ ;\ \cdot),\ \phi(Y,\ Q(Y\ ;\ \cdot),\ U(Y\ ;\ i_R))\right. \tag{5-6}'$$
$$\left.;\ T) + (G - T) - M^d(Y,\ Q(Y\ ;\ \cdot))\right.$$
$$\left. + L^d(Y,\ Q(Y\ ;\ \cdot),\ \phi(Y,\ Q(Y\ ;\ \cdot),\ U(Y\ ;\ i_R)))\right]$$
$$d\dot{Y}/dY = \omega\left[\Omega_Y - M^d{}_Y + L^d{}_Y + (\Omega_i + L^d{}_i - M^d{}_i)Q(Y\ ;\ \cdot)\right. \tag{5-7}$$
$$\left. + \Omega_\rho(\phi_Y + \phi_i Q_Y + \phi_u U_Y) + L^d{}_\rho(\phi_Y + \phi_i Q_Y\right.$$
$$\left. + \phi_u U_Y)\right]$$
$$= \omega\left[(Y^d{}_Y - 1) + Y^d{}_\rho \phi_Y + (Y^d{}_i + Y^d{}_\rho \phi_i)Q_Y\right.$$
$$\left. + Y^d{}_\rho \phi_u U_Y\right]$$

(5-7) 式は (5-3) 式と一致する．したがって，上記の 2 つの不均衡調整モデルは同値であることが確認できた．

6. 金融財政政策の有効性

(1) 超過準備預金金利変更のマクロ経済的効果

統合モデルで，超過準備預金金利の政策的変更のマクロ経済的効果を導出しておこう．ワルラス法則により，証券市場は消去して分析を進める．(5-5) 式

の安定条件が成立していると仮定する.

$$\Delta = - m\left[(1 - Y^d{}_Y) - \{(Y^d{}_i + Y^d{}_\rho \, \phi_{\, i})Q_Y + Y^d{}_\rho \, \phi_{\, Y}\}\right] \qquad (6\text{-}1)$$
$$+ Y^d{}_\rho \, \phi_{\, u} \{(M^d{}_i - um_i)Q_Y + M^d{}_Y\} < 0$$
$$\partial Y / \partial i_R = [Y^d{}_\rho \{um_{iR} \, \phi_{\, u} - m \, \phi_{\, iR}\}] / \Delta = 0$$
$$\partial u / \partial i_R = [\{(1 - Y^d{}_Y) - ((Y^d{}_i + Y^d{}_\rho \, \phi_{\, i})Q_Y + Y^d{}_\rho \, \phi_{\, Y})\} (um_{iR})$$
$$- Y^d{}_\rho \, \phi_{\, iR} \{(M^d{}_i - um_i)Q_Y + M^d{}_Y\}] / \Delta > 0$$

(6-1) 式の最初の, 実質所得への効果は, 次の条件が作用している. (4-6) 式より, 次の結果を得る.

$$um_{iR} \, \phi_{\, u} = [- \lambda \{(1 - \tau) / (1 + cu)\} \, umm_{iR}] \qquad (6\text{-}2)$$
$$/ [\{(1 - \tau) / (1 + cu)\} (mu \, \lambda_\rho - L^d{}_\rho)]$$
$$= m \, \phi_{\, iR}$$

　超過準備預金金利の引き下げは, 中央銀行の実質証券需要を減少させ, 実質所得への効果は持たない. これらの効果を, $(Y, \ u)$ 平面で, 図解しておこう. 便宜的に, 財市場の均衡曲線を YY^d 曲線, 貨幣市場の均衡曲線を CD 曲線とする. 貸出市場は瞬時に均衡している.

　安定条件から, 実質所得の増加は, 貨幣市場を超過供給にする. 均衡するためには, 中央銀行の実質証券需要が減少し実質貨幣供給も減少しなければならない. したがって, CD 曲線は右下がりである.

　財市場の均衡曲線の傾きも容易に分かる. 実質所得が増加すれば, 財の需要も直接的に増加するが, 需要性向が1より小さいので, この効果は財市場を超過供給にすることは自明である. 次に, 貸出需要の効果を通じて貸出利子率を上昇させ財の需要を減少させる. さらに, テイラー・ルールにより, 実質所得の増加は, 利子率を上昇させ, 貸出市場の性質により, 貸出利子率を上昇させ, 財の需要を減少させる. これらの間接的効果は, すべて財市場を超過供給にさせる. したがって, 財市場が均衡するためには, 中央銀行の実質証券需要が増加し貸出利子率を低下させ財の需要を増加させなければならない. つま

り，YY^d 曲線は，右上がりの曲線である．YY^d 曲線と CD 曲線の交点で均衡が示される．

超過準備預金金利の引き下げは，直接的には貨幣乗数を増加させ，貨幣市場が均衡するためには，実質所得一定の下で中央銀行の実質証券需要は減少しなければならない．したがって，CD 曲線は下方にシフトする．それは，貸出利子率を下落させるので財の需要を増加せる．実質所得一定の下で，中央銀行の実質証券需要が増加して貸出利子率を上昇させなければ，財市場は均衡しない．したがって，YY^d 曲線は下方にシフトする．

財政支出の増加は，赤字財政政策，均衡財政政策問わず，財市場の均衡曲線を下方にシフトさせ，実質所得を増加させ，中央銀行の実質証券需要を減少させる．

超過準備預金金利引き下げの効果を論理的に検討しておこう．実質所得が増加すると仮定する．実質所得の増加の効果は，安定条件を前提とすれば，実質

図 3-4

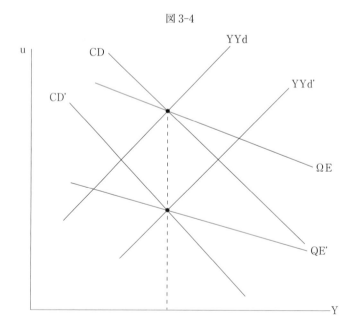

貨幣需要増大の効果よりも，貨幣供給増加の効果と利子率上昇による貨幣需要減少の効果の方が大きいので，超過準備預金金利引き下げの効果と合わせて，貨幣市場を超過供給にする．したがって，貨幣市場を均衡させるためには，中央銀行の実質証券需要が減少して貨幣供給減少させなければならない．逆に，財市場では，実質所得の増加は財市場を超過供給にする．財市場が均衡するためには，超過準備預金金利引き下げによる貸出利子率下落の効果と合わせて，中央銀行の実質証券需要の増加による貸出利子率の下落が必要となる．貨幣市場を均衡させるためには，中央銀行の実質証券需要が減少させなければならないが，財市場の均衡のためには，それは増加しなければならない．このように実質所得が増加すると仮定すると矛盾が生じる．実質所得が減少すると仮定しても，同様の矛盾が生じるで，実質所得は不変でなければならない．

　実質所得が不変であるとすれば，超過準備預金金利の引き下げによる貨幣供給増加の効果を相殺するように，中央銀行の実質証券需要は減少しなければならない．財市場は，超過準備預金金利引き下げによる貸出利子率の下落により財の需要は増加し財市場は超過需要となるので，中央銀行の実質証券需要が減少して，貸出利子率下落の効果を相殺しなければならない．超過準備預金金利引き下げの効果は，中央銀行の実質証券需要を減少させ，実質所得には影響がないというものである．

　超過準備預金金利の利子率や貸出利子率への効果はまったくないというのが結論である．

　利子率への効果は，実質所得が不変であるので，テイラー・ルールによりまったく存在しない．

　実質所得が不変であるので，貸出利子率もまた不変でなければ，財市場は均衡しない．

$$\rho = \phi\,(Y,\ Q(Y;\ \cdot\,),\ u\,;\,i_R) \tag{6-3}$$
$$d\,\rho \diagup di_R = \phi_u\,(\partial\,u \diagup \partial\,i_R) + \phi_{iR}$$
$$= [\,\{(1 - Y^d_Y) - ((Y^d_i + Y^d_\rho\,\phi_i)Q_Y$$

$$+ Y^{d}{}_{\rho} \phi_{Y}) \mid (um_{iR} \phi_{u} - m \phi_{iR})] \diagup \varDelta = 0$$

（6-3）式の証明には，（6-2）式の条件が使われている．したがって，実質貨幣供給への効果も存在しない．

$$d(M^{S}{}_{n} \diagup P) \diagup di_{R} = dM^{d} \diagup di_{R} = 0 \tag{6-4}$$

（2）財政政策の有効性

結論から言えば，財政政策は実質所得に関して有効である．

$$\partial Y \diagup \partial G \mid {}_{dG = dBg} = - m \diagup \varDelta > 0, \tag{6-5}$$

$$\partial u \diagup \partial G \mid {}_{dG = dBg} = - \mid (M^{d}{}_{i} - um_{i}) Q_{Y} + M^{d}{}_{Y} \mid \diagup \varDelta < 0,$$

$$\partial Y \diagup \partial G \mid {}_{dG = dT} = - m(1 + Y^{d}{}_{T}) \diagup \varDelta > 0,$$

$$\partial u \diagup \partial G \mid {}_{dG = dT} = - [(1 + Y^{d}{}_{T}) \mid (M^{d}{}_{i} - m_{i}) Q_{Y} + M^{d}{}_{Y} \mid] \diagup \varDelta < 0$$

7. 結　　論

　標準的なマクロ貨幣・信用創造モデルにテイラー・ルールを接合した統合モデルは，ワルラス法則の制約の下で，整合的なマクロ金融モデルとなっている．均衡ばかりでなく，ケインジアン的な不均衡数量調整モデルを定式化することができる．

　不均衡調整モデルを使って，均衡の安定性を分析すると，必ずしもモデルの仮定だけでは安定にはならない．安定性の十分条件は，証券利子率と貸出利子率の変動の同方向性を示すバーナンキ＝ブラインダー条件（$\phi_{i} > 0$ で示される）だけでは足りない．もう１つは，貨幣需要の利子率感応性や貨幣乗数の利子率感応性が相対的に大きいという条件である．これはケインジアン的な性質を意味している．古典的モデルでは，この感応性が相対的に小さければ均衡の安定性が強化されるというのがマネタリスト的な性質であった．この意味で，テイラー・ルールを仮定することはケインジアン的な性質と矛盾しない．

　均衡の性質は，きわめて特徴的なものである．量的な金融政策変数が内生化

される中で，超過準備預金金利の政策的変更が金融政策の中心となる．しかし，この金融政策の有効性は存在しない．つまり，超過準備預金金利の引き下げのマクロ経済的効果は，実質所得に関しては存在しない．実質所得には影響を及ぼさない．財政政策は均衡財政，赤字財政を問わず有効である．

　本稿の統合モデルは，政策テイラー・ルールを金融政策として定式化すれば，中央銀行の実質証券需要が定常値をとる定常均衡のモデルとして理解することができる．これは，信用と貨幣の創造が組み込まれていない下で，政策テイラー・ルールを金融政策とした単純な IS/LM・モデルの場合と同じであることは明らかである．この統合モデルは，政策テイラー・ルールを接合したモデルの定常均衡モデルと一致することが明らかなので，このマクロ経済的効果は短期均衡ではなく長期的な効果として捉えるべきである．つまり，短期的には超過準備預金金利のマクロ的効果は存在するが，長期的な定常均衡においてはなくなる．

　最後に，ニュー・ケインジアンの LM 曲線のないケインジアン・モデルの試論は失敗であることを主張しておきたい．信用が存在しない単純なモデルでも信用と貨幣の創造を組み込んだモデルでも一般的には，LM 曲線は放棄することはできない．それが決定するのは実質貨幣残高である．この統合モデルは内生的貨幣供給理論の新たな地平を切り開いている．

1)　マクロ経済モデルの転換が，利子率決定の分析装置を中心になされてきたことは周知の歴史的事実である．そのオリジネーターは，J. ヒックス以降では，I. フィッシャー，M. フリードマン，R. マンデル等である．しかし，利子率が債券利子率である限り，証券市場で決定されるというのが本質である．この論点は均衡，不均衡にかかわらず解明されなければならない．整合性だけではなく，そこには重要な経済現象とその経済的意味が隠されている．拙著『マクロ経済学の転換と証券市場』晃洋書房，2018 年，参照．
2)　Bernanke, B. S., and A. S. Blinder, Credit, Money, and Aggregate Demand, AEA Papers and Proceedings, Vol. 78, No. 2, 1988，参照．
3)　最も重要な要因はインフレ予想，労働市場の構造的要因などである．

4) P. Krugman, Currency Regimes, Capital Flows, and Crisis, IMF Economic Review, 26, 2014, 参照.

5) 政府が名目政府支出を財政政策変数とすることは，実質表示のモデルでも可能であり，その場合，政府は貨幣錯覚に陥ることはあり得る.

$$Y = C(Y-T) + I(i) + Gn/P, \quad Gn：名目政府支出$$

6) この財政政策の分析は，IS/LM・モデルで，利子率の運動を考えた場合と同様である.

7) 後述する「後者のモデル」を指す．政策利子率は短期利子率が現実的であるが，ここでの理論モデルにおいてはこの論点を無視する.

8) ここで，貨幣需要の名目利子率弾力性を定義し，これを当該経済の構造的条件として仮定して分析することも可能である．貨幣市場の均衡は常に成立しているので，

$$\eta = -(i/H)H_2 = -(i/u)H_2 > 0.$$

この場合，安定性のためには，目標インフレ率には下限があるので，相対的に高いインフレ目標の設定が必要である．財政政策の場合は，本文と同じである.

9) 貯蓄性預金を導入した初等的なモデルについては下記の文献を参照されたい．拙著『マクロ金融経済の基礎理論』晃洋書房，2013 年.

10) 信用乗数は，伝統的モデル（部分モデル）では，派生預金供給が仮定されて導出されるのが通常である．本稿の標準的モデルとするマクロ信用創造モデルでは，次の派生預金供給関数が仮定されている.

$$D^S = (1/(1 + cu)) (L^S + E^b + (E^C_n/P))$$

この派生預金供給関数と，民間銀行部門と中央銀行の制約式，そして準備需要関数を仮定する.

$$D^S - R^d = L^S + E^b, \ (CU^S_n/P) + Rd = E^C_n/P.$$
$$R^d = \{\tau + \varepsilon (1 - \tau)\} DS$$

本稿では，この部分モデルが貨幣乗数モデルと同値の信用創造モデルである．信用創造があるから貨幣が創造される．貨幣乗数は貨幣の創造の量的概念であり，信用乗数と親和性のある概念であることが理解されなければならない.

11) 政府が名目政府支出を財政政策変数とする場合は，物価で測った実質政府支出は内生化され，インフレ進行の過程で政府は貨幣錯覚に陥る可能性が存在する．これに対応して，政府名目支出ファイナンスの証券供給も名目変数となる．政府が名目政府支出を政策変数とし，目標インフレ率を持つ場合，実質政府支出が収束する定常均衡では，目標インフレ率が実現する.

12) 財市場の不均衡調整過程を分析する場合，貸出市場の均衡を仮定するので，実質ベースマネー供給（中央銀行の実質証券需要）の決定には，貨幣市場か証券市場の均衡かのいずれかの均衡が不可欠の要素となる.

13) 利子率決定のためのテイラー・ルールをマクロ・モデルに接合すれば，貨幣市場

の均衡条件で実質所得が決定され，貸出市場の均衡条件で貸出利子率が決定され，同時に財市場の均衡条件からも貸出利子率が決定されるという矛盾が生じる．

第4章 労働分配率と実質賃金率及び実質為替相場の 短期マクロ動学モデルと成長モデルによる 安定性分析

藤 原 秀 夫

1. 序

　本稿の目的は，実質賃金率もしくは労働分配率が定常値に収束する長期均衡の安定性を経済理論的に分析し，物価と名目賃金率の好循環，経済成長と労働分配率の好循環を，短期，長期の両面で理論的に分析することである．その際，ケインズ的モデルと新古典派モデルの両方を構成し，比較分析を通じて，改めて，両派の主張の本質的相違点を解明する．

2. 実質賃金率と総需要による実質所得決定モデル

　物価と名目賃金率の好循環は何を基準にして定義されるのか．このことを曖昧にして，物価と名目賃金率の好循環は分析できない．通常，この好循環が意味していることは単純である．インフレ率を上回る名目賃金率上昇率が実現し，実質賃金率の上昇率が高まり，労働者の実質所得の伸び率が高まり，消費需要の増加率が高まり，生産量の増加率が高まり，雇用の伸びが高まる．この循環が持続するための必須条件として，実質賃金率の上昇率が高まることが，反作用として企業の生産や雇用を減少させる効果を持てば，この好循環は持続しないことは，あまりにも明白である．しかし，総需要が増加すれば，無条件に，企業が，生産，雇用を増加させるとしても，問題はそれだけなのか．この

論点を見るための仮想的なモデルを構築する.

　物価上昇と名目賃金率上昇の好循環モデルを，総需要による生産量（＝実質
所得）決定モデルで分析できることを示すことは，この問題に対する基本的な
問題の中の一部にしか過ぎない．総需要決定モデルは，同時に雇用決定モデル
でもある．総需要・総供給モデルが模索されてから久しい．短期及び中期の政
策の面からは，インフレ抑制政策もデフレを阻止することを目的としたリフレ
政策もいずれも，総需要サイドへの作用を通じて政策目標を達成することを目
指している．依然として供給サイドへの影響はブラックボックスであり，総需
要政策が，供給面にも良い影響を与えて，その効果がシナジーとなることを期
待するのみである．従来の総需要による生産量（＝実質所得）の決定モデルは，
実質賃金率が一定のモデルである．実質賃金率の決定を取り上げることは，供
給サイドを取り上げること，つまり企業部門の生産量決定態度を明確にするこ
とになる．だが，総需要決定モデルでも，供給態度の問題は不問にして，実質
賃金率の総需要への影響を明らかにして，前述の好循環・悪循環モデルを分析
することは可能である.

　実質賃金率が総需要に与える影響は消費需要を通じてである．総需要による
実質所得決定モデルは，単純に下記のように表される.

$$Y = cRN + I(i - \pi) + G \tag{2-1}$$

　ここで，マクロ経済変数を定義しておこう．R：実質賃金率，N：雇用量，
Y：実質所得（生産量），I：実質投資需要，G：実質政府支出，i：名目利子率，
π：予想インフレ率，is：自然利子率，Ys：潜在実質所得.

　右辺の総需要が実質所得を決定する．そのためには，実質賃金率，予想イン
フレ率，名目利子率を決定しなければならない．実質賃金率は，次のように定
義されることは，自明である.

第4章　労働分配率と実質賃金率及び実質為替相場の短期マクロ動学モデル……　91

$$R = W / P \tag{2-2}$$

ここで，P：物価，W：名目賃金率，N_f：労働力

実質賃金率は，短期的には硬直的である．時間が経過する中で，変化する．それは，次のような動学方程式で表される．

$$(dR / dt) / R = (dW / dt) / W - (dP / dt) / P \tag{2-3}$$
$$(dP / dt) / P = \Phi = q(Y) + a\pi, \ 0 < a \le 1, \ q' > 0$$
$$(dW / dt) / W = w = \Omega(N / N_f) + \beta\pi, \ \beta = 1 > 0, \ \Omega' > 0$$

財の生産量は総需要によって決定される．雇用量の決定は，雇用／生産量・比率が与えられていることにより，決定される．

$$N = \tilde{n}Y \tag{2-4}$$

内生変数は，Y, R, P, W, N, であり，残るは π, i の決定のみである．インフレ予想は適応的予想仮説を仮定する．

$$d\pi / dt = \lambda(\Phi - \pi) \tag{2-5}$$

名目利子率の決定は，テイラー・ルールを仮定する．Φ_f：目標インフレ率．

$$i = is + \omega(\Phi - \Phi_f) + \delta(Y - Ys), \ 1 > \omega > 0, \ 1 > \delta > 0, \tag{2-6}$$
$$i = H(Y, \ \pi; \ \Phi_f), \ H_1 = \omega q' + \delta, \ 1 > H_2 = \omega\beta > 0,$$
$$H_3 = -\omega < 0$$

実質所得と名目利子率の短期同時決定モデルとして構成する．予想インフレ率は与えられている．

$$Y = cR\tilde{n}Y + I(i - \pi) + G \tag{2-7}$$
$$i = is + \omega(q(Y) + a\pi - \Phi_f) + \delta(Y - Ys)$$

全微分方程式に変形する．R は硬直的．

$$(1 - cR\tilde{n})dY - I' \, di = dG + cN dR - I' \, d\pi \tag{2-8}$$

$$-(\omega q' + \delta)dY + di = -\omega \, d\Phi_f + \omega \, a \, d\pi$$

実質所得と名目利子率の短期均衡解は，次のように表すことができる．

$$Y = Q(R, \ \pi ; G, \ \Phi_f), \tag{2-9}$$

$$\Delta = (1 - cR\tilde{n}) - I'(\omega q' + \delta) > 0$$

$$Q_3 = dY / dG = 1 / \Delta > 0,$$

$$di / dG = (\omega q' + \delta) / \Delta > 0$$

$$Q_4 = dY / d\Phi_f = (-\omega I') / \Delta > 0,$$

$$di / d\Phi_f [-\omega(1 - cR\tilde{n})] / \Delta < 0,$$

$$Q_2 = dY / d\pi = [-I' + \omega a I'] / \Delta = [(\omega a - 1)I'] / \Delta > 0$$

$$di / d\pi = [(1 - cR\tilde{n})\omega a - I'(\omega q' + \delta)] / \Delta > 0$$

$$1 - di / d\pi = [(1 - cR\tilde{n}) - I'(\omega q' + \delta)$$

$$- (1 - cR\tilde{n})\omega a - I'(\omega q' + \delta)] / \Delta$$

$$= [(1 - \omega a)(1 - cR\tilde{n})] / \Delta > 0,$$

$$Q_1 = dY / dR = (cN) / \Delta > 0$$

$$di / dR = ((cN)(\omega q' + \delta)) / \Delta > 0$$

総需要決定モデルは，実質賃金率と予想インフレ率の動学モデルとして集約的には，下記のように構成される．

$$(dR / dt) / R = \Omega((\tilde{n}Y) / N_f) + \beta \pi - (q(Y) + a \pi) \tag{2-10}$$

$$= \Omega(\tilde{n}Q(R, \ \pi ; G, \ \Phi_f)) / N_f + \beta \pi$$

$$- [q(Q(R, \ \pi ; G, \ \Phi_f)) + a\pi],$$

$$d\pi / dt = \lambda [q(Q(R, \ \pi ; G, \ \Phi_f)) + (a - 1)\pi]$$

局所的安定性を検討することによって，好循環を分析することができる．定常均衡は，$dR / dt = d\pi / dt = 0$，で与えられる．

$$\Omega((\tilde{n}Y) / N_f) + \beta \pi - (q(Y) + a \pi) = 0, \tag{2-11}$$

第4章　労働分配率と実質賃金率及び実質為替相場の短期マクロ動学モデル……　93

$$q(Y) + (a - 1)\pi = 0,$$
$$Y = Q(R, \ \pi : G, \ \Phi_f)$$

定常均衡近傍で一次近似し，係数行列を求めると次のようになる．

$$J = [A_{i,j}], \ i = 1, 2, \ j = 1, 2 \tag{2-12}$$
$$A_{1,1} = R[\Omega'\tilde{n} / N_f - q']Q_1 < 0,$$
$$A_{1,2} = R[(\Omega'\tilde{n} / N_f - q')Q_2 + (\beta - a)] < 0,$$
$$A_{2,1} = \lambda[q'Q_1] > 0, \ A_{2,2} = \lambda[q'Q_2 + (a - 1)] < 0$$

安定条件として，次の符号条件が必要である．下記の条件を適用している．

$$(\Omega'\tilde{n} / N_f - q') < 0, \ 0 < \beta < a < 1 \quad q'Q_2 + (a - 1) < 0 \tag{2-13}$$
$$tr(J) = A_{1,1} + A_{2,2} < 0 \tag{2-14}$$
$$det(J) = R\lambda[(\Omega'\tilde{n} / N_f - q')Q_1(a - 1)$$
$$+ (a - \beta)q'Q_1] > 0$$

物価上昇と名目賃金率上昇が実質賃金率の際限ない上昇につながり，悪循環が生じるためには，定常均衡が不安定でなければならない．その条件は，次の通りである．好循環は，その逆の条件が成立しなければならない．

$$(\Omega'\tilde{n} / N_f - q') > 0, \ 1 > \beta > a, \quad A_{2,2} > 0,$$
$$det(J) < 0, \ tr(J) > 0 \tag{2-15}$$

3．労働分配率の定常値への収束モデルとその安定性

(1)　1つのケインジアン的見解

マクロ経済モデルに接合される物価決定の基本方程式は，幾つかある．それに対応して，幾つかの仮説がある．これまで，多くのマクロ経済モデルに接合したマークアップ原理もその1つであるが，それ以外に代表的なものに，ワイントラウプの方程式がある．随分，時代を遡る議論である．この方程式では，物価は，名目賃金率，労働生産性によって決定される．それは，短期的には労

働分配率が硬直的であることによる．今回は，遡って，この枠組みの中で，物価と名目賃金率の循環構造を分析する．時代を遡っての議論であるが，筆者は有益性を失った議論ではないと確信している．ワイントラウプは，彼の物価の基本方程式を当時の短期のケインジアン・モデルに接合し，長期的には，ハロッド＝ドーマー・モデルに接合して，物価と名目賃金率の循環構造を分析したようである．古典的な議論とは言え，今日と共通の問題意識があると，筆者は考えている．その後の，発展も取り入れながら同様の問題を分析する[1]．

1) 物価の決定に関するワイントラウプ方程式

物価決定のワイントラウプ方程式とは，次のような方程式のことを言う．

$$PY = (1/k)wN \tag{3-1}$$

ここで，P：物価，Y：付加価値生産量（実質所得），N：雇用，w：名目賃金率，R：実質賃金率，n：労働生産性，とする．

この方程式は，次のことを意味している．名目賃金所得は（$1/k$）倍だけの経済全体の名目所得を生み出す．このことは，労働分配率が k であることを意味している．つまり，この式は労働分配率の定義式でもある．短期的に労働分配率が硬直的であると仮定すれば，近似的に次の基本方程式が成立する．

$$(dP/dt)/P = (dw/dt)/w - (dn/dt)/n \tag{3-2}$$

この方程式は，以下の性質が成立する．つまり，左辺が右辺を決定していると見る．

$$If (dw/dt)/w > (dn/dt)/n, (dP/dt)/P > 0 \tag{3-3}$$

$$If (dw/dt)/w < (dn/dt)/n, (dP/dt)/P < 0 \tag{3-4}$$

$$If (dw/dt)/w = (dn/dt)/n, (dP/dt)/P = 0 \tag{3-5}$$

インフレが生じるためには，生産性の上昇率を上回る名目賃金率の上昇が生じなければならない．その逆で，下回れば，デフレが生じる．短期には労働分配率が硬直的であるとすれば，こうした事態が発生する．生産性上昇率がプラ

第4章　労働分配率と実質賃金率及び実質為替相場の短期マクロ動学モデル……　95

スであれば，それを名目賃金率が上回ろうが下回ろうが，実質賃金率が確実に
上昇する．実質賃金率の上昇率はプラスである．短期的には労働生産性上昇率
はゼロであると仮定すれば，実質賃金率も硬直的となる．生産性，実質賃金
率，労働分配率が不変であるとしても，インフレ経済もデフレ経済も起こりう
る．

2)　生産性上昇率と実質賃金率

ワイントラウプ方程式では，労働分配率（k）が定常値をとり，インフレ率
がプラスで物価が加速的に上昇するためには，名目賃金率の上昇率が生産性の
上昇率を上回らなければならない．前述したように名目賃金率の上昇率が生産
性の上昇率を下回れば，インフレ率はマイナスで物価は加速的に下落する．い
ずれにしても，生産性の上昇率がプラスであれば，実質賃金率の上昇率はプラ
スである．

$$(dk／dt)／k = (dw／dt)／w － (dP／dt)／P － (dn／dt)／n \qquad (3\text{-}6)$$
$$= (dR／dt)／R － (dn／dt)／n$$

ワイントラウプ方程式は，労働分配率が定常状態のモデルである．したがっ
て，ワイントラウプの関係が成立するためには，労働分配率が定常値に収束す
るかどうかという安定性をマクロ経済の枠組みの中で検討しなければならな
い．その際，ケインズ的枠組みを使うか，新古典派的枠組みを使うかで，結論
は分かれるであろう．名目賃金率の上昇率に関する生産性基準が言われること
がよくある．つまり，名目賃金率が生産性上昇率の範囲内に収まることが，経
済合理性である．しかし，上記の分析から重要な生産性基準は，実質賃金率に
対してである．この場合，経済合理性は，実質賃金率が生産性上昇率の範囲内
に収まることである．この経済合理性が，労働分配率の定常値への収束を保証
し，ワイントラウプ方程式の成立保証する．短期的には，生産性上昇は困難で
あると仮定されることが通常である．ところが，多くの製造業では短期的にも
生産性を上昇させている．その際，重要な概念は，設備稼働率である．短期的
でも労働生産性が変化するのは，それは雇用の固定性にあると筆者は考えてい

る．企業の労働需要に反応して瞬時的に雇用がこれに一致するように変化するという可塑性は本来，実現不可能である．労働者のそのような受動的態度の仮定は，一般的ではない．雇用の人員調整は漸次的に進行するのが一般的である．

$$Y / Y^* = \delta \qquad (3\text{-}7)$$

変数の定義をしておこう．Y^*：資本ストックを正常に稼働させたときの産出量，δ：稼働率，とする．

実質賃金率の上昇率を生産性上昇率の増加関数と仮定する．生産性上昇率は，稼働率の増加関数とする．

$$(dR / dt) / R = \Phi((dn / dt) / n), \quad \Phi' > 0 \qquad (3\text{-}8)$$
$$(dn / dt) / n = \sigma(Y / Y^*), \quad \sigma' > 0$$

労働分配率の動学方程式は，次の微分方程式で表される．

$$dk / dt = k[(dR / dt) / R - (dn / dt) / n] \qquad (3\text{-}9)$$
$$= k[\Phi(\sigma(Y / Y^*)) - \sigma(Y / Y^*)]$$

労働分配率の動学方程式は，ケインジアン・モデルであっても，筆者が考える新古典派モデルであっても，同一である．まず，短期総需要決定モデルを接合する．このモデルの基本的特徴は，財市場の有効需要によって実質所得が決定される．したがって，稼働率が決定される．

$$Y = cRN + I + G = c(R / n)Y + I + G \qquad (3\text{-}10)$$

ここで，I：実質投資支出，G：政府支出，とする．$0 < c < 1$，を仮定すれば，$0 < k < 1$，は自明なので，次の関係が成立する．

$$(1 - ck) Y = I + G, \implies Y = (I + G) / (1 - ck) \qquad (3\text{-}11)$$

ここで，乗数，$0 < (1 - ck) < 1$，が成立する．(9) 式の動学方程式は，次の

第4章　労働分配率と実質賃金率及び実質為替相場の短期マクロ動学モデル……　97

ように表すことができる.

$$dk/dt = k[\Phi(\sigma(\{(I + G)/(1 - ck)\}Y^*)) \qquad (3-9)'$$
$$- (\sigma\{(I + G)/(1 - ck)\}Y^*)]$$

労働分配率が定常値に収束する定常均衡は,実質賃金率の上昇率が労働生産性の上昇率に一致する場合に成立する.

$$\Phi(\sigma(\{(I + G)/(1 - ck)\}Y^*)) \qquad (3-11)$$
$$= (\sigma\{(I + G)/(1 - ck)\}Y^*)$$

定常均衡近傍における定常均衡の安定性を検討しよう.

$$(dk/dt)/dk = (\Phi' - 1)Y^* \sigma'[\{-(I + G)(-c)\} \qquad (3-12)$$
$$(1 - ck)^{\wedge}(-2)\}] \gtrless 0,\ (\wedge は指数を表す).$$

定常均衡が安定であるためには,次の条件が成立しなければならない.

$$\Phi' < 1 \qquad (3-13)$$

この条件は,実質賃金率の上昇率が生産性の上昇率の範囲内に収まらなければならないことを意味する.労働分配率が上昇すれば,裁量支出乗数は内生的に決定され,$1/(1 - ck)$ で,これは労働分配率の増加関数である.したがって,労働分配率が上昇すれば,実質生産量は増加し,稼働率は上昇し生産性は上昇する.実質賃金率がこのときこの上昇を上回れば,さらに労働分配率は上昇し,労働分配率は定常値に収束せず,不安定となる.定常均衡の性質について検討する.(3-10) 式を全微分方程式に変形する.ただし,完全稼働した時の産出量は与えられていて,裁量支出の変化によっては,変化しないと仮定する.

$$\Phi(\sigma(\{(I + G)/(1 - ck)\}Y^*)) \qquad (3-14)$$
$$= (\sigma\{(I + G)/(1 - ck)\}Y^*)$$

$$(\Phi' - 1)Y^* \sigma' \, |-(I + G)(-c) \cdot (1-ck)^{\wedge}(-2)| \, dk \qquad (3\text{-}15)$$

$$= -(\Phi' - 1)Y^* \sigma' (1-ck)^{\wedge}(-1)d(I + G)$$

$$dk \diagup (dI + dG) = -(1 - ck)^{\wedge}(-1)c(I + G) < 0 \qquad (3\text{-}16)$$

投資支出及び政府支出等の裁量的支出が増加すれば，労働分配率は低下する．裁量的支出の増加は生産量を増加させ，稼働率を上昇させるので，生産性上昇率を高める．そのとき，実質賃金率の上昇率は高まるのであるから，労働分配率は低下するのであれば，安定的効果をもたらす．それは実質賃金率の上昇率が生産性の上昇率の範囲内に収まることを意味する．資本主義経済では，実質賃金率の上昇率が高まることが，労働分配率の上昇を意味しない．

ワイントラウプの方程式は，物価上昇率が名目賃金率の上昇率と生産性上昇率の相対関係によって決定されるということを意味していた．この物価決定の基本方程式が成立するためには，労働分配率が定常値で持続しなければならない．いずれにしても，名目賃金率と生産性の相対関係で物価が決定されるとした着想は，1960年代の高度成長時代当時，斬新なアイデアであった．物価の上昇率がプラスであるためには，名目賃金率の上昇率が生産性上昇率を上回らなければならない．この関係が成立する前提が，労働分配率不変の仮定である．今回は，この仮定が短期の新古典派モデルで成立するかどうかを検討する．その結論は，ケインズ・モデルの結論と正反対で対立する．ところで，インフレを生産性の観点から分析しようとした議論は，過去に幾つか存在した．代表的な議論は，日本経済に存在していた卸売物価と消費者物価の二重構造を生産性の視点から分析した．卸売物価は現在では企業物価となっている．当時，この物価の二重構造は，大企業と中小企業の二重構造と対応していた．日本経済の高度成長時代，消費者物価の上昇率の方が卸売物価上昇率よりも大きかった．卸売物価は比較的安定していた．問題となるインフレは消費者物価についてであった．その原因が生産性の低さにあったというわけである．この議論は，本来，次のように書き換えるべきであった．インフレ率の二重構造は生産性上昇率格差に起因すると．ワイントラウプの方程式は生産性上昇率に着目

したが，日本の議論はその線上で生産性上昇率格差による相対的インフレ論を展開したと言える．その意味で，源流はワイントラウプの議論にあった．いずれにしても，労働分配率の定常性が前提となっていることに注意しなければならない．物価上昇の二重構造という論点は今日にも受け継がれている．

(2) 短期新古典派モデルと実質賃金率，労働分配率

1) 余剰生産量

余剰生産量（S）は，次のように定義される．

$$S = nN - cRN - G \qquad (3\text{-}17)$$

ここで，N：労働力，n：労働力1単位当たりの生産高，R：実質賃金率，G：実質政府支出，c：消費率（$0 < c < 1$），とする．労働人口1人当たりの生産余剰，労働分配率は，次のように定義される．

$$S / N = n - cR - G / N = n(1 - cR / n) - n\tilde{g} = n(1 - ck - \tilde{g}), \quad (3\text{-}18)$$
$$k = RN / Y = R / n$$

政府支出／実質所得・比率は政策変数で，次のように定義される．

$$\tilde{g} = G / Y, \quad \tilde{g} = const., \qquad (3\text{-}19)$$

したがって，1人当たりの政府支出は，次のように定義される．

$$G / N = (Y / N)(G / Y) = n\tilde{g} \qquad (3\text{-}20)$$

余剰生産の多寡は，それ自体生産性が規定しており，余剰生産の存在条件は，次のようになる．

$$S = nN(1 - ck - \tilde{g}) > 0, \quad 1 - (ck + \tilde{g}) > 0 \qquad (3\text{-}21)$$

多様なルートを通じて，1人当たりの余剰生産量は生産性上昇率を高める．

2) 短期新古典派モデル

ケインズ・モデルとの対比もあり，ここでも実質賃金率上昇率は生産性上昇率の増加関数と仮定される．上記の検討の結果を導入して，モデルは次のように表される．

$$(dn / dt) / n = \omega (1 - ck - \tilde{g}), \quad \omega > 0 \tag{3-22}$$
$$(dR / dt) / R = \Phi ((dn / dt) / n), \quad \Phi' > 0$$

労働分配率の定義式から，その動学方程式は，次のような微分方程式で表される．

$$dk / dt = (dR / dt) / R - (dn / dt) / n \tag{3-23}$$

(3-22)，(3-23) 式で表される，短期新古典派モデルは，集約的には，次の労働分配率の動学方程式で表される．

$$dk / dt = \Phi (\omega (1 - ck - \tilde{g})) - \omega (1 - ck - \tilde{g}) \tag{3-24}$$

労働分配率，k，が定常値に収束する条件を検討しよう．

$$(dk / dt) / dk = (1 - \Phi') \omega c \gtreqless 0, \tag{3-25}$$
$$\Phi' > 1 \qquad (dk / dt) / dk < 0$$
$$\Phi' < 1 \qquad (dk / dt) / dk > 0$$

ケインジアン・モデルの安定条件は，生産性上昇率の上昇の程度よりも実質賃金率上昇率の上昇の程度は小さくなければならないというものであった．ところが，短期新古典派モデルでは，この条件では，不安定で，労働分配率は定常値に収束しない．ワイントラウプ方程式を成立させる労働分配率の定常性は，次の条件が必要である．それは，生産性上昇率の上昇の程度よりも実質賃金率上昇の程度が大きくならなければならない．ワイントラウプの実質賃金率上昇の生産性上昇率基準は安定条件とはならない．短期新古典派モデルの定常値の安定条件の経済的意味は次の通りである．労働分配率が下落して，生産性

第4章　労働分配率と実質賃金率及び実質為替相場の短期マクロ動学モデル……　101

上昇率が上昇し実質賃金率上昇率も上昇するが，安定であるためには労働分配率が上昇しなければならない．そのためには，前者の程度よりも後者の程度が大きくなければならない．

3)　新古典派グローバル・モデル

　この単純なモデルを単一の世界経済モデルとする．決定的に重要な変数は，総人口／労働人口・比率（X/W）である．それは，時間的経過の中で傾向的に変化するが，どのような変数に依存するかが，その社会経済的理由とともに重要である．ここでは，労働人口1人当たりの生産高（所得）を唯一の明示的な経済変数として抽出する．その依存の性質は，一義的には決まらないと仮定しておこう．

$$X/W = \Omega = \Omega(n\,;\,\cdot),\quad \Omega n \gtrless 0 \tag{3-26}$$

　一般的な傾向に過ぎないが，この比率が上昇するのは，従属人口としての非生産労働人口（労働力ではない高齢者と扶養家族）が増加すれば，この比率は上昇する．経済成長が持続し労働人口1人当たりの所得が成長するとやがて成熟経済社会に移行し，少子高齢化が進行すると言われる．その場合は，この関数は，長期的には，増加関数である．経済成長の初期段階や高度成長の過程では，この関数は減少関数である．労働人口1人当たりの余剰生産高は，物的人的資本蓄積を含む多様なルートを通じて，労働人口1人当たりの生産高，つまり労働生産性を上昇させると仮定する．その効率がγとする．余剰生産高の一部は廃棄されることは言うまでもない．この程度が大きければ，γは低下する．

$$dn/dt = \gamma\,\lfloor n - c\Omega(n\,;\,\cdot)\rfloor,\quad \gamma > 0 \tag{3-27}$$

　この自律的な微分方程式を，単一の経済変数nで微分すれば，以下のようになる．

$$d(dn/dt)/dn = (1 - c\Omega n) > 0 \tag{3-28}$$

世界経済の成長率を労働人口1人当たりの所得の成長率で測るとすれば，それが正であることは，次の条件で保証される．

$$1/c > \Omega n \tag{3-29}$$

$\Omega n < 0$ つまり，総人口／生産労働人口・比率が労働人口1人当たりの所得の減少関数であれば，この条件は無条件に充たされる．そうでなくても，つまり増加関数であっても，その程度が，$1/c$ より小さければ，少子高齢化と世界の経済成長は矛盾しない．人口に対して相対的に労働人口が減少し，少子高齢化が進行しても世界経済は成長できることを示している．

4．財市場の不均衡と実質賃金率の生産・雇用への反作用

実質賃金率と在庫ストック（Z）が生産と雇用の決定に影響する「加速的インフレマクロ経済モデル」を整合的に構築し，インフレ過程の短期的安定性及び不安定性を分析する．そのためには，財市場の不均衡調整変数が実質賃金率であるというケインズ的仮定を放棄しなければならない．財市場の不均衡を調整する変数は在庫ストックの変化である．実質賃金率と同様に在庫ストックの保有も，企業の生産にとってはコストであることは明白である．今日，海外生産と国内生産をフレキシブルに代替させているグローバル企業にとっては，この2つの要因は，生産決定態度にかかわる重要なファクターである．生産量は在庫ストックの減少関数であると仮定することは，単純なモデルではあるが，このようにリアリティがある．

インフレ過程の分析にとって，インフレ予想の変化によってシフトするフィリップス曲線を考察することが極めて重要である．この分析装置で，インフレ予想が物価と名目賃金に転嫁されていくプロセスを分析することができる．以下では，予想インフレ率が部分的にインフレ率や名目賃金率上昇率に転嫁され，経済主体が貨幣錯覚に陥る経済を仮定して分析を進める．実質値で測られ，経済主体が貨幣錯覚に陥る経済の加速的インフレ過程は，無条件には安定にはならない．一般的には不安定である．名目賃金率上昇率がインフレ率を追

い越し実質賃金率が上昇していくインフレ経済は，不安定であるのか安定であるのかが，今日，問われている問題である.

（i）加速的インフレーションモデル（Accelerated Inflation Model）

財市場は，短期において一般的には不均衡である．この不均衡を調整するのが意図しない在庫変動である．

$$dZ/dt = a[Y - (cRN + I(\rho) + G)], \quad a > 0 \tag{4-1}$$

実質表示の LM 曲線を仮定する．この均衡条件で決定されるのは実質利子率である.

$$\rho = H(M^u, Y) \tag{4-2}$$

ここまでのマクロ経済変数を定義しておこう.

Z：在庫ストック，Y：生産量（実質所得），R：実質賃金率，N：雇用，$\tilde{n}$：雇用係数，I：実質投資，G：実質政府支出，ρ：実質利子率，c：消費率.

金融政策変数である実質貨幣供給（M^u）を定義しておこう.

$$M / P^e = M^u = const. \tag{4-3}$$

ここで，M：名目貨幣供給，P^e：予想物価水準，M^u：実質貨幣供給，π：予想インフレ率，m：名目貨幣供給増加率，である.

金融政策として，次の関係が成立する．名目貨幣供給は内生化されている.

$$(dM/dt)/M = m, \quad (dP^e/dt)/P^e = \pi, \quad m = \pi \tag{4-4}$$

企業の生産決定態度を次のように仮定する．したがって，雇用係数を与えれば，労働需要関数も明らかである.

$$Y = Q(R, Z), \quad N = \tilde{n}Y = \tilde{n}Q(R, Z) \tag{4-5}$$

実質賃金率の動学方程式は，インフレ率関数，名目賃金率上昇率によって構成される.

$$R = w / P \tag{4-6}$$

実質賃金率の変化率は，名目賃金率変化率からインフレ率を差し引いた値として定義されることは自明である．

$$(dR / dt) / dR = (dw / dt) / w - (dP / dt) / P \tag{4-7}$$

インフレ率，名目賃金率変化率は，次のように仮定される．

$$(dw / dt) / w = W(1 - N / N_f) + \theta \pi, \ 1 > \theta > 0, \ W' < 0 \tag{4-8}$$
$$(dP / dt) / P = \Phi(Y / Y_f) + \delta \pi, \quad 1 > \delta > 0, \ \Phi' > 0$$

名目賃金率上昇率は失業率の減少関数，インフレ率は潜在的需給ギャップの増加関数である．予想インフレ率はその全てかあるいは部分的に転嫁される．インフレ予想に関しては，単純化のためには，適応的予想仮説が仮定される．

$$d\pi / dt = \lambda [| (dP / dt) / P | - \pi], \ \lambda > 0 \tag{4-9}$$

これまでのマクロ経済変数が定義される．

P：物価水準，w：名目賃金率，N_f：労働力，Y_s：潜在実質所得．

以上の検討から，モデルの全体像は次のような方程式によって構成される．

$$dZ / dt = \alpha [Q(R, Z) - cR\tilde{n}(Q(R, Z)) \tag{4-10}$$
$$- I(H(M^u, Q(R, Z)) - G)],$$
$$dR / dt = R [W(1 - \tilde{n}Q(R, Z) / N_f) + \theta \pi$$
$$- | \Phi(Q(R, Z) / Y_s) + \delta \pi],$$
$$d\pi / dt = \lambda [| \Phi(Q(R, Z) / Y_s) | + \delta \pi - \pi]$$

この三元連立微分方程式の定常均衡は，$dZ / dt = dR / dt = d\pi / dt = 0$，によって与えられる．

$$Y = cR\tilde{n}Y + I(H(M^u, Y)) + G, \tag{4-11}$$
$$W(1 - (\tilde{n}Y) / N_f) + \theta \pi = \Phi(Y / Y_s) + \delta \pi,$$

第 4 章 労働分配率と実質賃金率及び実質為替相場の短期マクロ動学モデル……　105

$$\Phi(Y \diagup Y_s) + (\delta - 1)\pi = 0$$

定常均衡近傍での一次近似系を導出し，係数行列を求める．

$$J = [A_{i,j}], \ i = 1, 2, \ j = 1, 2 \qquad\qquad (4\text{-}12)$$
$$A_{1,1} = (dZ \diagup dt) \diagup dZ = \alpha\left[(1 - cR\tilde{n})Q_2 - I'H_2Q_2\right] < 0,$$
$$A_{1,2} = (dZ \diagup dt) \diagup dR = \alpha\left[(1 - cR\tilde{n})Q_1 - cN - I'H_2Q_1\right] < 0,$$
$$A_{1,3} = (dZ \diagup dt) \diagup d\pi = 0,$$
$$A_{2,1} = (dR \diagup dt) \diagup dZ = R\left[-W'\tilde{n}Q_2 \diagup N_f - \Phi'Q_2 \diagup Y_s\right] \gtrless 0,$$
$$A_{2,2} = (dR \diagup dt) \diagup dR = R\left[-W'\tilde{n}Q_1 \diagup N_f - \Phi'Q_1 \diagup Y_s\right] \gtrless 0,$$
$$A_{2,3} = (dR \diagup dt) \diagup d\pi = R\left[\theta - \delta\right] \gtrless 0,$$
$$A_{3,1} = (d\pi \diagup dt) \diagup dZ = \lambda\left[(\Phi'Q_2 \diagup Y_s)\right] < 0,$$
$$A_{3,2} = (d\pi \diagup dt) \diagup dR = \lambda\left[(\Phi'Q_2 \diagup Y_s)\right] < 0,$$
$$A_{3,3} = (d\pi \diagup dt) \diagup d\pi = \lambda\left[\delta - 1\right] < 0$$

　予想インフレ率が部分的にインフレ率や名目賃金率上昇率に組み込まれる．つまり，貨幣錯覚に陥る場合である．この場合は，次の条件が成立する．

　$\theta = \delta$ の場合，$A_{2,3} = 0$，を仮定する．この場合の係数行列の特性方程式は，次の方程式である．

$$\begin{vmatrix} A_{1,1} - \chi & A_{1,2} & 0 \\ A_{2,1} & A_{2,2} - \chi & 0 \\ A_{3,1} & A_{3,2} & A_{3,3} - \chi \end{vmatrix} = 0 \qquad\qquad (4\text{-}13)$$

展開すると，次のように一般的な 3 次方程式となる．

$$\chi^3 - (A_{1,1} + A_{2,2} + A_{3,3})\chi^2 + \{A_{1,1}A_{2,2} - A_{1,2}A_{2,1} \qquad (4\text{-}13)'$$
$$+ A_{3,3}(A_{1,1} + A_{2,2})\}\chi - A_{3,3}(A_{1,1}A_{2,2} - A_{1,2}A_{2,1}) = 0,$$
$$A_{1,1} < 0, \ A_{2,2} < 0, \ A_{3,3} < 0, \ A_{1,3} = A_{2,3} = 0, \ A_{1,2} < 0, \qquad (4\text{-}14)$$
$$A_{2,1} < 0, \ A_{3,1} < 0, \ A_{3,2} < 0$$

必要条件は次の通りである.

$$-(A_{1.1} + A_{2.2} + A_{3.3}) > 0, \tag{4-15}$$

$$|A_{1.1}A_{2.2} - A_{1.2}A_{2.1} + A_{3.3}(A_{1.1} + A_{2.2})| \gtrless 0$$

$$-A_{3.3}(A_{1.1}A_{2.2} - A_{1.2}A_{2.1}) < 0$$

十分条件は，次のように導出される.

$$-(A_{1.1} + A_{2.2})|A_{1.1}A_{2.2} - A_{1.2}A_{2.1} + A_{3.3}(A_{1.1} + A_{2.2})| \tag{4-15}$$

$$-A_{3.3}A_{3.3}(A_{1.1} + A_{2.2}) \gtrless 0$$

局所的安定性の必要十分条件は，一般的には充たされていないことがわかる.

$$A_{1.1}A_{2.2} - A_{1.2}A_{2.1} = a\left[(1 - cR\tilde{n})Q_2 - I'H_2Q_2\right]R \tag{4-16}$$

$$[-W'\tilde{n}Q_1/N_f - \Phi'Q_1/Y_s] - a\left[(1 - cR\tilde{n})Q_1\right.$$

$$- cN - I'H_2Q_1]R[-W'_nQ_2/N_f - \Phi'Q_2/Y_s]$$

$$= aR[Q_2Q_1(-W'\tilde{n}/N_f - \Phi'/Y_s)((1 - cR\tilde{n})$$

$$- I'H_2) - Q_2Q_1$$

$$(-W'\tilde{n}/N_f - \Phi'/Y_s)((1 - cR\tilde{n})$$

$$- I'H_2) + cN[-W'\tilde{n}Q_2/N_f - \Phi'Q_2/Y_s]]$$

$$= aRcN[-W'\tilde{n}Q_2/N_f - \Phi'Q_2/Y_s]] < 0$$

定常均衡は局所的に不安定である.

このモデルの定常均衡が安定であるか否かを決定づけている符号条件は，次の通りである.

$$signA_{2.2} = signA_{2.1} \tag{4-17}$$

$$A_{2.1} = (dR/dt)/dZ = R[-W'\tilde{n}Q_2/N_f - \Phi'Q_2/Y_s] \gtrless 0$$

$$A_{2.2} = (dR/dt)/dR = R[-W'\tilde{n}Q_1/N_f - \Phi'Q_1/Y_s] \gtrless 0$$

$A_{2.2} < 0$，つまり，$(dR/dt)/dR < 0$，の経済的意味は次の通りである．実

第4章　労働分配率と実質賃金率及び実質為替相場の短期マクロ動学モデル……　107

質賃金率の自律的運動はその他の条件が不変であれば安定的である．実質賃金率が上昇したときに実質賃金率の単位時間当たりの上昇は減少する．実質賃金率が上昇すれば実質所得及び労働力需要は減少する．これに応じてインフレ率，名目賃金率上昇率は下落する．名目賃金率上昇率に相対的に大きな影響を及ぼす場合，実質賃金率は下落する．この逆の説明の方が直感的に理解しやすいかもしれない．実質賃金率が下落すれば，実質所得が増加し，インフレ率及び名目賃金上昇率ともに上昇する．前者の方が後者よりも大きければ，さらに実質賃金率は下落し不安定である．この要素は安定的要因である．

　問題は，この安定性が在庫ストックの運動に与える影響である．財市場が超過供給で在庫ストックが減少し，実質所得が増加すれば，前述したように，実質賃金率が上昇し，この超過供給を拡大する可能性があり，不安定的な性質を持つ．この2つの符号条件が異なることはあり得ない．生産・雇用などの供給サイドへの反作用を考慮すると一般的には安定性は保証されない．この反作用を低めるための生産・雇用態度への是正誘導政策が，安定的な好循環をもたらす可能性がある．

5．開放マクロ総需要モデルと金融財政政策

　金融政策が名目利子率を誘導し，その結果，市場名目利子率も政策の影響を受けて決定されるとするのが，テイラー・ルールである．総需要決定マクロ・モデルで，LM曲線の代わりに，このテイラー・ルールを接合して，構成するという考え方が存在する．もちろん，テイラー・ルールが決定する政策利子率と市場利子率は本来異なるが，このルールで金融政策を運営する場合，究極的には，テイラー・ルールが決定する名目利子率に市場名目利子率が一致するとすれば，この新しく構成されたモデルで，加速的インフレ経済の安定性がどのように変わるかを分析することは意義のあることである．この実質賃金率不変のモデルでさえも，一般的には定常均衡は安定とはならない．一般的には不安定である．

（1） 利子率決定のテイラー・ルールと総需要決定開放マクロ・モデル

財市場の均衡条件は，IS／LM・モデルはと同一である．

$$Y = C(Y) + I(i - \pi) + G + T(Y, Y^*, \gamma) \tag{5-1}$$

ここで，Y：実質所得，C：実質消費需要，I：実質投資需要，G：実質政府支出，T：自国通貨建て実質貿易収支，i：名目利子率，γ：実質為替相場（EP^*／P），π：予想インフレ率，P：物価，とする．＊は，当該変数が外国の変数であることを示している．

テイラー・ルールは，単純化すれば，次のように表せる[2]．

$$i = i_s + a(\Phi - \Phi_f) + \delta(Y - Y_s), \quad \Phi = (dP／dt)／P \tag{5-2}$$

Φ：インフレ率，である．下付きの f で，インフレ率目標値を表している．修正フィリップス曲線は，次のよう表すことができる．

$$\Phi = q(Y) + \beta\pi, \quad 0 < \beta \leq 1, \quad q' > 0 \tag{5-3}$$

インフレ予想に関しては，適応的予想仮説を仮定する．

$$d\pi／dt = \lambda(\Phi - \pi), \quad \lambda > 0 \tag{5-4}$$

自国通貨建て名目為替相場（E）決定については，その変化率が，内外利子率格差，と貿易収支によって決定されるという，データベースに依拠した考え方をとる．

$$(dE／dt)／E = \theta_1(i^* - i) + \theta T(Y, Y^*, \gamma), \quad 1 > \theta_1 > 0, \quad \theta_2 < 0 \tag{5-4}$$

テイラー・ルールは，次のように変形することができる．

$$i = i_s + a(q(Y) + \beta\pi - \Phi_f) + \delta(Y - Y_s), \tag{5-5}$$
$$i = h(Y, \pi; \Phi_f, \cdot), \quad h_1 > 0, \quad 1 > h_2 = a\beta > 0$$

財市場の均衡で，総需要により決定される実質所得は以下のように解くこと

第4章　労働分配率と実質賃金率及び実質為替相場の短期マクロ動学モデル……　109

ができる．この名目利子率関数を代入することによって，実質所得を決定する．

$$(1 - C' - T_1 - I' h_1)dY = (I'(\theta_1 \beta - 1))d\pi + dG + T_3 d\gamma \tag{5-6}$$

$$Y = Q(\gamma, \pi ; G), \quad Q_1 = T_3 / (1 - C' - T_1 - I' h_1) > 0,$$

$$Q_2 = (I'(\theta_1 \beta - 1)) / (1 - C' - T_1 - I' h_1) > 0,$$

$$Q_3 = 1 / (1 - C' - T_1 - I' h_1) > 0$$

実質為替相場の動学方程式は，以下のように表すことができる．

$$(d\gamma / dt) / \gamma = (dE / dt) / E + \varPhi^* - \{q(Y) + \beta \pi\} \tag{5-7}$$

以上で，この開放マクロ経済モデルは，以下のような，実質為替相場と予想インフレの動学モデルとして集約的に表すことができる．

$$(d\gamma / dt) / \gamma = \theta_1[i_s - h(Q(\gamma, \pi ; G), \pi)] \tag{5-8}$$

$$+ \theta_2 T(Q(\gamma, \pi ; G), Y^*, \gamma) + \varPhi^* - \{q(Q(\gamma, \pi ; G)) + \beta \pi\},$$

$$d\pi / dt = \lambda[q(Q(\gamma, \pi ; G)) + (\beta - 1)\pi],$$

定常均衡は，実質為替相場と予想インフレ率が定常値に収束する条件として表される．

$$(dE / dt) / E + \varPhi^* - \varPhi = 0, \quad \varPhi = \pi \tag{5-9}$$

$$\theta_1[i^* - h(Q(\gamma, \pi ; G), \pi)] + \theta_2 T(Q(\gamma, \pi ; G), Y^*, \gamma) \tag{5-10}$$

$$+ \varPhi^* - \{q(Q(\gamma, \pi ; G)) + \beta \pi\} = 0,$$

$$q(Q(\gamma, \pi ; G)) + (\beta - 1)\pi = 0$$

定常均衡近傍で一次近似し，係数行列を導出する．

$$J = [A_{i,j}], \quad i = 1, 2, \ j = 1, 2 \tag{5-11}$$

$$A_{1,1} = - \gamma \theta_1(h_1 Q_1) + \gamma \theta_2(T_1 Q_1 + T_3) - \gamma q' Q_1 \gtrless 0,$$

$$A_{1,2} = - \gamma \theta_1(h_1 Q_2 + h_2) + \gamma \theta_2(T_1 Q_2) - \gamma(q' Q_2 + \beta) < 0,$$

$$A_{2,1} = \lambda\, q'\, Q_1 > 0,$$
$$A_{2,2} = \lambda\, [q'\, Q_2 + (\beta - 1)] \gtreqless 0$$

定常均衡が局所的に安定であるためには，十分条件として，次の条件が必要となる．

$$T_1 Q_1 + T_3 > 0, \quad q'\, Q_2 + \beta - 1 < 0 \tag{5-12}$$

この経済的意味は次の通りである．最初の条件は，実質貿易収支に負の影響を及ぼす所得効果よりも実質為替相場効果の方が相対的に大きいことを意味する．次の条件は，予想インフレ率が実質所得に与える効果が十分に小さく，予想インフレ率が現実のインフレ率に部分的にしか影響を及ぼさず，かつ，それが相対的に小さいことである．後者の条件は，経済主体が，十分に貨幣錯覚に陥ることが必要である．これらの条件が充たされるならば，次の条件が成立する．

$$A_{1,1} < 0, \quad A_{2,2} < 0 \tag{5-13}$$

この条件が満たされるとすれば，係数行列は以下の性質を持つ．

$$tr(J) = A_{1,1} + A_{2,2} < 0, \quad det(J) = A_{1,1}A_{2,2} - A_{1,2}A_{2,1} > 0 \tag{5-14}$$

これらの条件が充たされれば，定常均衡は安定である．定常均衡が安定である場合は，財政拡張政策も，目標インフレ率を引き上げる金融緩和政策も有効性を持つ．

6. 小　　括

本稿の1つの目的は，実質賃金率，生産性，労働分配率を内生変数とした短期マクロ動学モデルを構成し，定常状態の安定性を分析することである．もう1つの目的は，開放マクロ総需要モデルを予想インフレ率と実質為替相場の動学モデルとして構成し，定常均衡の安定性を分析した．いずれも，適切な仮定

第4章　労働分配率と実質賃金率及び実質為替相場の短期マクロ動学モデル……　111

の下でも，一般的に安定性は保証されなかった．つまり，限定付きの安定性であり，安定条件の経済的意味が問われる．

　この場合，生産性が一定，実質賃金率と労働分配率が一定であることが前提となる．総需要モデルでも，インフレ率が定常値に収束する安定性は，一般的には成立しない．不安定な場合は，加速的なインフレが進行する．つまり，条件付き安定である．

　短期でも生産性が変化し，労働分配率が定常値に収束する単純な動学モデルを構築した．ケインジアン的な総需要モデルでは，生産性の上昇率よりも実質賃金率の上昇率が小さいことが安定条件であったが，短期新古典派モデルでは，逆に生産性の上昇率を実質賃金率の上昇率が上回らなければ，定常値は安定ではない．

　実質賃金率及び在庫ストックの変化が生産及び雇用の意思決定に影響を及ぼすマクロ動学モデルでは，実質賃金率が定常値に収束する安定性は，一般的には成立しない．生産及び労働需要に実質賃金率と在庫ストックの変化の影響が相対的に小さいほど，実質賃金が定常値に収束しない不安定性は弱められる．

　開放マクロ総需要モデルで，実質為替相場と予想インフレ率の動学モデルで定常均衡の安定性を分析した．実質為替相場の自国通貨安の貿易収支改善効果が相対的に実質所得増加の貿易収支悪化効果を上回ることが安定条件の一つであった．さらに，予想インフレ率の実質所得増加の効果が大きければ大きい程，不安定である．

7．新古典派モデルとケインズ派モデルにおける労働分配率と経済成長率の好循環及び悪循環について

⑴　新古典派モデルにおける労働分配率とマクロ経済成長の好循環と悪循環[3)]

低率の経済成長率が持続するのは，労働分配率が低すぎると同時に，なかなか適正水準に引き上げられないことに原因があるという考え方がある．この考え方が成立する究極的な理論的条件を探究することを目的とする．つまり，労

働分配率を引き上げることにより，成長と分配の好循環が実現する条件を検討する．この論点の検討が必要な理由は，資本主義経済では，労働分配率の上昇は資本分配率の低下を意味し，資本係数が不変である限り，利潤率は低下するという本質的特徴が存在することにある．利潤率の低下は，資本蓄積率の低下に繋がり，マクロ経済成長率の低下に繋がる．資本主義経済では，基本的には，成長率と労働分配率の好循環を実現するメカニズムは存在せず，この2つの変数は，基本的にはトレードオフ関係にある．そうだとすれば，分配問題の中心は，租税政策と移転支払政策による所得再分配政策にあると言える．このことが本当に真理であるかどうかを単純なモデルで再検討する．

1) 貯蓄と資本蓄積のマクロ的関係

財市場のマクロ的均衡は，最も単純には，次のように表される．この均衡条件には閉鎖経済以外の要素は現れない[4]．

$$Y = cRN + \mathrm{I} + G. \tag{7-1}$$

この単純な経済では，マクロ貯蓄（S）は次のように表される．

$$S = Y - c(aY), \quad a = R/n, \quad Y/N = n \tag{7-2}$$

財市場の均衡条件を対実質所得比で表すと，次のようになる．

$$(1 - ca) = (1/\delta)g + \Omega, \quad \Omega = G/Y, \quad Y/K = \delta \tag{7-3}$$

ここで，K：資本ストック，$I/K = g$：資本蓄積率，を表す．

この均衡条件が意味することは，次の点にある．民間部門資本蓄積率は，マクロ貯蓄率から，政府支出の対所得シェアを差し引いたものに一致する．他の条件が変わらなければ，資本係数が小さいほど資本蓄積率は高い水準にある．労働分配率が小さければ小さいほど民間資本蓄積率は高い．因果関係を逆転してみることも可能である．資本蓄積率と政府支出の対所得シェアの大きさが，マクロ貯蓄率を決定している．消費性向が一定であると仮定すれば，それらが労働分配率を決定している．それらが大きければ大きいほど労働分配率は低く

なる．要するに，資本主義経済では，上記のマクロ的関係がバランス式として
現れ，労働分配率と資本蓄積率はトレードオフ関係にある．以下では，マクロ
貯蓄率が資本蓄積率を決定すると仮定する．これは言い換えれば常に財市場均
衡が成立するセイ法則を意味する．この法則の下では，マクロ貯蓄率が変わら
なければ，政府支出の対所得シェアと資本蓄積率，マクロ経済成長率はトレー
ドオフ関係にある．小さな政府にはそれなりの理論的根拠がある．

2）技術進歩を考慮した労働分配率とマクロ経済成長率の関係

以下では，(7-3)の基本方程式を軸として，次々に条件を付加して，この2
つの相互関係を理論的に分析する．生産の供給サイドの関係の仮定を式で表
す．これは，一般に生産関数と呼ばれている．技術進歩率をλ，資本生産性を
δ，で表す．

$$Y = nNexp(\lambda t), \quad Y = \delta K, \quad \delta > 0 \qquad (7\text{-}4)$$

固定係数の生産関数で，効率単位で測った雇用係数が$(1／n)$であり，資本
係数が$(1／\delta)$である．λ，δは定数パラメータである．

この生産関数の特徴は次の点にある．

$$K／N = \kappa, \quad Y／N = v, \quad v／\kappa = \delta \qquad (7\text{-}5)$$

技術進歩率は$\lambda \geqq 0$，である．資本労働比率，κと，雇用1人当たりの生産
量の技術的関係を表す生産関数は技術進歩率だけ上方にシフトしていくが，資
本係数が常に一定となる型の技術選択が仮定されている．つまり生産の過程で
資本係数は不変である．このように仮定することにより，次の関係が成立す
る．つまり，資本蓄積率とマクロ付加価値生産量の成長率，すなわちマクロ経
済成長率（y）が常に一致する．

$$g \equiv \dot{K}／K = \dot{Y}／Y \equiv y \qquad (7\text{-}6)$$

この関係が成立するので，マクロ経済成長率と労働分配率は，本質的にはト
レードオフ関係にある．消費性向や政府支出の所得シェアがこのトレードオフ

関係を一層厳しいものとする．消費性向はこのトレードオフ曲線の傾きを決めており，政府支出の所得シェアは切片を表している．

$$y \big/ \delta = 1 - c\,a - \Omega \tag{7-7}$$

ここで，労働分配率（a）とマクロ経済成長率（y）の安定的な関係が成立するかを分析する．労働分配率は，技術進歩を考慮して，次のように定義されている．

$$a = R \big/ (nexp(\lambda\,t)) \tag{7-8}$$

したがって，この式を自然対数表示し，時間で微分し，労働分配率に関する動学方程式を求めると，次のような単純な微分方程式を得る．

$$\dot{a} \big/ a = \hat{R} - (\hat{n} + \lambda) \tag{7-9}$$

3）「実質賃金率の生産性基準」を考慮した，労働分配率とマクロ経済成長
　　率の好循環モデルと悪循環モデル

物価は資本主義経済である限り，市場の動向で決定される．名目賃金率については，労働市場の動向を考慮しながらも，基本的には，労使交渉で決定される．そのとき，名目賃金率を引き上げて実質賃金率を引き上げるとしても，それは生産性の上昇率が上限であるというのが，賃上げガイドラインとして語られる．名目賃金率を引き上げて実質賃金率を引き上げるが，その上昇がこの生産性ガイドラインにおさまれば，労働分配率は上昇しない．定義的関係の分析で指摘できるように，資本分配率も下落せず，資本係数不変の下で利潤率も下落しない．資本主義の正常な運行のためには，労使双方がこの基準をまもることが大事であるという主張を，好循環モデル，悪循環モデルという概念の下に検討する．

実質賃金率上昇の生産性ガイドラインの意味するところは，単純化すれば，次のように表すことができるだろう．生産性の上昇は資本蓄積率に依存していると仮定する．

第4章　労働分配率と実質賃金率及び実質為替相場の短期マクロ動学モデル……　115

$$\hat{R} = R(\hat{n}), \quad R' \leqq 1, \quad \hat{n} = n(g), \quad n' > 0 \tag{7-10}$$

以上の関係式を考慮して，単純な労働分配率とマクロ経済成長率の動学モデルを提示する．

$$y \diagup \delta = g \diagup \delta = 1 - c\,a - \Omega \tag{7-11}$$
$$\dot{a} = a\,[R\,(n(y)) - \{(n(y)) + \lambda\}]$$

このモデルが好循環になるのか，悪循環になるのかは，労働分配率と資本蓄積率，マクロ経済成長率のトレードオフ関係の下で，実質賃金率引上げの生産性基準が決めている．それは，以下の導出によってわかる．

$$\partial \dot{a} \diagup \partial a = a\,[(R' - 1)\,n'\,(\partial y \diagup \partial a)] \tag{7-12}$$
$$\partial y \diagup \partial a = -\,\delta\,c < 0$$

定常状態は次の条件によって決定される．

$$R(n(y)) = n(y) + \lambda \tag{7-13}$$

定常状態では，実質賃金率が労働生産性上昇率と技術進歩率に一致する．これが定常状態の条件である．マクロ成長率と資本蓄積率は技術進歩率によって決定される．マクロ経済成長率が決定されれば，政府支出の対所得シェアが一定の下で，それに等しくマクロ貯蓄率が決定され労働分配率が決定される．政府支出の対所得シェアの水準が上昇すれば，マクロ貯蓄率が小さくなるので，マクロ経済成長率が技術進歩率で決定されている下で，労働分配率は小さくなる．つまり，定常状態では，政府支出の対所得シェアによって食われる貯蓄（率）は労働分配率の低下によって相殺されなければならない．つまり，政府支出シェアは労働分配率とトレードオフ関係となる．消費性向についても同様である[5]．

$$\tilde{y} \diagup \delta = 1 - c\,\tilde{a} - \Omega \tag{7-14}$$
$$\partial \tilde{a} \diagup \partial \Omega < 0, \quad \partial \tilde{a} \diagup \partial c < 0 \tag{7-15}$$

変数に付けられた~は，当該変数が定常値であることを表している．実質賃金率の労働生産性に対する感応性が1であれば，つまり，$R' = 1$であれば，労働分配率は一定で，マクロ経済成長率はそれぞれ一定の率で，当該経済は成長を続ける．実質賃金率の労働生産性上昇率感応性，$R' > 1$，が仮定される場合は，定常状態は安定である．逆に，$R' < 1$であれば，不安定である．実質賃金率の伸び率を労働生産性の上昇率の範囲内にとどめる，すなわち，$R' \leqq 1$の場合は，不安定で，一旦定常状態から乖離すれば，元に戻ることはない．これは，一見，パラドクシカルな結論に見えるが，そうではない．元々，経済成長率，資本蓄積率と労働分配率はトレードオフ関係にあり，それを相殺するような実質賃金率の引き上げのみが定常状態の復元力がある．式にそって説明すると，労働分配率が下落すれば経済成長率は上昇する．その時に，実質賃金率の伸び率を生産性上昇率の伸び率より低く実現させれば，さらに労働分配率を引き下げ，マクロ経済成長率が上昇する．こうして，定常状態には復元しない．安定条件は，単純で次の通りである．

$$R' > 1 \tag{7-16}$$

カウンター・ガイドラインの実現のみが，分配率とマクロ経済成長率を定常状態に導く．好循環の条件は，この条件である．逆の条件は不安定で，労働分配率と経済成長率のトレードオフ関係の持続を止められない．つまり，サスティナブルでない．

ここで，財政支出政策の在り方を分析してみよう．その対所得シェアの上昇は大きな政府の象徴である．労働分配率を目標水準に近づけるのには，大きな政府が役立つのか．小さな政府が役立つのか．直観的には，前者に軍配が上がるのではないか．果たしてそうか．

モデルは下記のように表される．政府が社会的目標である目標労働分配率，(a^T)の実現を目指して，財政支出政策を実施する

$$\dot{a} = a \ [R \ (n(y)) - \{(n(y)) + \lambda\}] \tag{7-17}$$

第4章　労働分配率と実質賃金率及び実質為替相場の短期マクロ動学モデル……　117

$$\dot{\Omega} = \omega (a^T - a), \quad \omega \lessgtr 0$$

$$y / \delta = 1 - c a - \Omega$$

定常均衡は，次のように変更される．

$$\tilde{y} / \delta = 1 - c a^T - \tilde{\Omega}, \quad \hat{R} = \hat{n} + \lambda \tag{7-18}$$

上記の連立微分方程式の定常均衡近傍の性質は下記の通りである．

$$\partial \dot{a} / \partial a = a \, [(R' - 1)n' (- \delta \, c)] \lessgtr 0 \tag{7-19}$$

$$\partial \dot{a} / \partial \Omega = a \, [(R' - 1)n' (- \delta)] \lessgtr 0$$

$$\partial \dot{\Omega} / \partial a = - \omega \lessgtr 0$$

$$\partial \dot{\Omega} / \partial \Omega = 0$$

目標労働分配率が実現する条件は，下記の通りである．

$$(\partial \dot{a} / \partial a) \, (\partial \dot{\Omega} / \partial \Omega) - (\partial \dot{a} / \partial \Omega) \, (\partial \dot{\Omega} / \partial a) \tag{7-20}$$

$$= \omega \, [(R' - 1)n' (- \delta)] > 0$$

$$\partial \dot{a} / \partial a = a \, [(R' - 1)n' (- \delta \, c)] < 0$$

これが実現するためには，次の条件が必要である．

$$R' > 1, \quad \omega < 0 \tag{7-21}$$

　この結論は次のことを意味する．実質賃金率の生産性基準に関する逆基準，すなわち，実質賃金率の伸び率を生産性上昇率の伸び率よりも大きくすること，労働分配率が目標値を下回っている場合には，政府支出の対所得シェアを小さくする財政支出縮小政策が必要なのである．逆に上回っている場合には後者の条件は財政支出拡大政策が必要となる．大きな政府か小さな政府かという問題に，労働分配率が関わるためには，目標労働分配率の社会的合意が必須である．これを基準として，現実の労働分配率が下回っているならば，政府支出

の対所得シェアを小さくするという小さな政府が必要となり，現実の労働分配率が目標値を上回っているならば，そのシェアを高めるという大きな政府が必要となる．これは，資本主義経済の基本テーゼは，資本蓄積率，マクロ経済成長率と労働分配率の上昇はトレードオフ関係であるということである．これは，ケインズ，新古典派両サイドに共通である．ちょうど，ケインズが新古典派の企業の利潤最大化行動を容認したように．政府支出の対所得シェアという論点についての溝は決定的である．これは，消費と同じようにマクロ貯蓄を食いつぶす要因であり，資本蓄積率（マクロ経済成長率）との間にトレードオフ関係があるというのが供給サイドを重視する新古典派，サプライサイドエコノミックスである．したがって，政府の財政政策と労働分配率の関係の新古典派的見解は，ケインズ的視点から見れば，パラドクシカルに見えるのである．

簡単な新古典派成長モデルを使って，労働分配率とマクロ経済成長率の好循環及び悪循環の問題を定常状態の安定性の問題として分析した．特に，財政政策と小さな政府，大きな政府がこの問題にどのような関係を持っているかという基本的な論点について新古典派の見解を明らかにした．新古典派的な結論が，確固とした不滅の理論的根拠を持つためには，実質賃金率の伸び率を労働生産性の上昇率よりも大きくしなければならいというパラドクシカルな結論が伴うのではないだろうか．

4）　開放経済モデルへの拡張

為替相場の動向の労働分配率に与える影響を基礎的に分析するとしても，前述したモデルを開放経済に内生的に拡張することは必須である．そのためには，貨幣的条件と，リアルサイドでは，純輸出需要の定式化が重要なエレメントになる．

まず，最初に貨幣的条件（M：名目貨幣供給）を，最もシンプルな形で表しておこう．

$$\mu = H(i), \ \mu = M / (PY), \ H' < 0 \tag{7-22}$$

第4章 労働分配率と実質賃金率及び実質為替相場の短期マクロ動学モデル……　119

　貨幣需要関数は名目所得に関して1次同次関数として定式化される．名目為替相場に影響を及ぼすのは金融的要因であり，実質為替相場が実質変数として純輸出（NX）を決定する．実質純輸出需要／実質所得・比率は，実質為替相場の減少関数であるが，単純化のために1次同次関数を採用する．実質所得弾力性は，1であると仮定される．同様に，実質為替相場弾力性も1を仮定する．このような定式化は次のように表される．

$$NX = A((P/E)/P^*)Y, \ A < 0 \tag{7-23}$$

　名目為替相場，E は自国通貨建で表し，実質為替相場 γ は外貨建てで表している．したがって，P/E，が外貨建て輸出価格を表している．P^* は外貨建て輸入価格である．これまでと同様に，輸出価格と国内財価格は同一である．実質為替相場を γ とする．

$$\gamma = (P/E)/P^* \tag{7-24}$$

　開放経済の財の実質均衡条件を，対実質所得比で表しておこう．

$$(1/\delta)g + c\alpha + \Omega + A\gamma = 1 \tag{7-25}$$
$$(1/\delta)g = (1/\delta)y = (1 - A\gamma) - c\alpha - \Omega \tag{7-25}'$$

　為替相場の決定条件として，金利平価条件を仮定する．

$$i = i^* + \hat{E} \tag{7-26}$$

　ここで，i：自国利子率，とする．
　自国利子率は，前述の貨幣市場の均衡条件で決定される．したがって，次のように表すことができる．

$$i = L(\mu), \ L' < 0 \tag{7-27}$$
$$\dot{\mu}/\mu = \hat{M} - \hat{P} - y, \ \dot{\gamma}/\gamma = \hat{P} - \hat{E} - \hat{P}^* \tag{7-28}$$

　自国インフレ率と名目為替相場の変化率の関係を次のように仮定しよう．こ

れは，外貨建て輸出価格の変化というルートや，輸入外国財の自国通貨建て価格を通じたパススルー効果のルートなどから，この依存関係が決定されている．

$$\hat{P} = \xi(\hat{E}, y ; \cdot), \ 0 \leq \xi_E \leq 1, \ 0 \leq \xi y < 1 \tag{7-29}$$

金利平価条件より，自国インフレ率は為替相場の影響を受けて，決定される．以上でモデルは完結している．それは次のように，表される[6]．

$$\dot{a} = a \ [R(n(y)) - (n(y) + \lambda)] \tag{7-30}$$
$$\dot{\mu} = \mu \ [\hat{M} - \xi(L(\mu) - i^*, y) - y]$$
$$\dot{\gamma} = \gamma \ [\xi(L(\mu) - i^*, y) - \{((L(\mu) - i^*)) + \hat{P}^*\}]$$
$$y \diagup \delta = 1 - A \gamma - c a - \Omega$$

新古典派開放マクロ経済モデルでは，労働分配率，実質為替相場が定常均衡に収束する安定性は一般的には保証されない．それは閉鎖経済における安定条件（$R' > 1$）が成立したとしても，である．その大きな理由は，自国通貨安と労働分配率がトレードオフ関係にあり，自国通貨高は成長率を引き上げるという性質を持つことが必然であることによる．

(2) ケインズ派モデルにおける労働分配率と経済成長率の好循環及び悪循環

労働分配率と経済成長率（マクロ産出高成長率）に関するケインズ派の理論の本質について再検討する．経済成長及び資本蓄積と分配問題の理論的関係についての研究蓄積は，ヒックス，ロビンソン，ハロッド，カルドア，カレツキーなどのケインズ経済学源流を形成した偉大な経済学者によって，膨大に積み上げられている．筆者などが，新たに付け加える論点など殆どない．然るに，2016年以降今日まで，成長と分配の好循環を中心的政策課題とする政権が次々に登場して，経済学が蓄積してきた叡智が多くの人々によって明らかにされその一助となることが望ましい事態となった．だが，早くも分配問題への取り組みは後退を余儀なくされた感がある．その淵源にある理論的理由を，単純なモ

第4章　労働分配率と実質賃金率及び実質為替相場の短期マクロ動学モデル……　121

デルで明確にすることが必要とされている.

1）　ケインズ派理論の本質

ケインズ派の成長理論の基本的前提は，セイ法則の否定にあるであろう．この法則の否定には2つの意味がある．1つは，マクロ貯蓄の動向を決定するのは有効需要であり，その有効需要の中心は，企業部門の純投資と裁量的支出のカテゴリーに属する政策的政府支出である．2つには，財の生産に関する短期（需要）予想が実現しないことによる需給不一致である．最初のセイ法則の否定は，ケインズ派の理論の核心に位置する．後者の短期予想が実現するか実現しないかは，いずれも有効需要の理論，すなわちセイ法則の否定と矛盾はしない（一般的には需給不均衡である）．ケインズ派の理論的中心は独立した投資関数の存在にあり，これによりセイ法則は否定される．

戦後のケインズ派の理論ではマクロ財市場の均衡は一般的には保証されないと認識されている（したがって，労働市場も不均衡が常態である）．その需給調整は（生産）数量調整によってなされ，価格調整は否定される．その理論は，次のような単純な微分方程式によって表される．

$$dY/dt = \chi(I + G + cRN - Y), \quad \chi > 0, \quad 0 < c < 1 \tag{7-31}$$

これまでと同様に，Y：生産量（実質所得），I：実質投資需要，N：雇用，K：資本ストック，G：実質政府支出，R：実質賃金率，c：消費性向，と定義する．

サプライサイドの条件である労働生産性と資本係数の定義式は，次の通りである．

$$Y = nN, \quad K = \delta Y, \quad n, \quad \delta > 0 \tag{7-32 ①}$$

（7-31）式の両辺を Y で除して，以下のように変形し，それをケインズ派の基本方程式と呼ぶことにしよう．まず，定義式を明らかにしておく．

$$y = (dY/dt)/Y, \quad 1 > a = R/n > 0,$$
$$g = I/K, \quad \Omega = G/Y \tag{7-32 ②}$$

下記の方程式が，生産量成長率と労働分配率の基本方程式である．

$$y = \chi \left[\delta g + \Omega - (1 - c a) \right] \qquad (7\text{-}31)'$$

ここで，y：生産量成長率（経済成長率），g：資本蓄積率，a：労働分配率，Ω：実質政府支出／実質所得・比率，とする．Ω は財政政策変数とする．

　基本方程式で，ケインズ派にとり重要な問題は，資本蓄積率関数が独立な関数で，その性質を明らかにしなければならない点である．本稿では，あくまで単純化のために，資本蓄積率は経常利潤率の増加関数と仮定する．利潤率（Π）は次のように変形することによって，労働分配率の減少関数，資本係数の減少関数となることがわかる．資本係数の上昇は，資本生産性の下落である．

$$\Pi = (Y - RN) \diagup K = (1 - a) \diagup \delta, \ g = g(\Pi), \ g' > 0 \qquad (7\text{-}33)$$

したがって，基本方程式は，下記のようになる．

$$y = \chi \left[\delta g((1 - a) \diagup \delta) + \Omega - (1 - c a) \right] \qquad (7\text{-}31)''$$

　基本方程式では，生産量成長率と労働分配率の関係性は一義的には決まらない．この点が新古典派モデルとの重要な相違点である．

$$\partial y \diagup \partial a = \chi (- g' + c) \lessgtr 0 \qquad (7\text{-}34)$$

　基本方程式では，生産量成長率と労働分配率の関係は，資本蓄積率の利潤率感応性と消費性向の大小関係で決定される．前者が後者より大きければ，2 つの関係はトレードオフ関係となる．後者が前者より大きければ，2 つは同方向に変動する．

　新古典派モデルと異なり，政府支出の対所得シェアの上昇は生産量成長率を引き上げる．

$$\partial y \diagup \partial \Omega = \chi > 0 \qquad (7\text{-}35)$$

資本係数と生産量成長率の関係は，少し複雑である．

第4章　労働分配率と実質賃金率及び実質為替相場の短期マクロ動学モデル……　123

$$\partial y \diagup \partial \delta = \chi \left[g + \delta\, g'\, (1 - a)\, (- 1 \diagup \delta^2) \right] \qquad (7\text{-}36)$$

この関係は，資本蓄積率の資本係数弾力性に依存していることは明らかである．

$$1 > (\delta \diagup g) g'\, (1 - a)\, (1 \diagup \delta^2) = \theta > 0 \qquad (7\text{-}37)$$

この仮定により，資本係数と経済成長率の関係が一義的に決まる．弾力性が1より小さければ，両者には正の関係が存在する．

$$\partial y \diagup \partial \delta = \chi\, g (1 - \theta) \geqq 0, \quad \theta \leqq 1 \qquad (7\text{-}38)$$

新古典派モデルの場合と同様に，労働生産性上昇率は，資本蓄積率の増加関数と仮定する．つまり，資本蓄積のかなりの部分が，資本労働比率を引き上げ労働生産性の改善と関係していると認識している．

$$(dn \diagup dt) \diagup n = \Psi(g), \quad \Psi' > 0 \qquad (7\text{-}39)$$

企業部門は，実質賃金率の伸び率を労働生産性上昇率の範囲内におさめようとして，名目賃金率をコントロールする．労働者側も要求実質賃金率を実現しようとして名目賃金率の動向に影響を及ぼそうとする．実質賃金率を決定するもう1つの要素である物価はマクロ経済状態の動向で決定されるので，いずれが実現するかは確定しない．成長と分配の好循環モデル，悪循環モデルにとって，重要な論点は，実質賃金率と労働生産性の関係である．この関係について，企業部門は上記のことを求めている．つまり，それは労働分配率の動向に影響を及ぼそうとしている．この関係が，定常均衡の安定性にどのような影響を及ぼすのかが焦点である．3つの場合について検討する．

$$(dR \diagup dt) \diagup R = \phi\, ((dn \diagup dt) \diagup n), \qquad (7\text{-}40)$$
$$\phi' > 1, \quad \phi' = 1, \quad 1 > \phi' > 0$$

資本係数と労働分配率の動学方程式によって，筆者のケインズ派のマクロ・

モデルは，構成される．それは次のような連立微分方程式で表される．

$$da/dt = a[\phi \{\Psi(g((1-a)/\delta))\} \qquad (7\text{-}41)$$
$$-\Psi\{g((1-a)/\delta)\}$$
$$d\delta/dt = \delta[g((1-a)/\delta) - \chi\{\delta g((1-a)/\delta)$$
$$+\Omega - (1-ca)\}]$$

この動学モデルの定常均衡では，次の条件が成立している．

$$(dR/dt)/R = (dn/dt)/n, \qquad (7\text{-}42)$$
$$g = y$$

　定常均衡では，労働分配率が一定であるので，実質賃金率の伸び率が労働生産性の上昇率に一致する．資本係数が一定となるので，資本蓄積率が，経済成長率，つまり生産高成長率に一致する．これらの条件を充たすように，労働分配率と資本係数の均衡値が決定される．

　次に，定常均衡の安定性とその性質について分析する．その分析を通じて，経済成長率と労働分配率の好循環，悪循環を基本的な問題として分析することができると，本稿では，考えている．

2)　好循環及び悪循環と定常均衡の安定性

　短期的な有効需要の生産量決定理論は，中長期的には，生産物市場（財市場）の需給不均衡の生産量調整理論に置き換えられる．投資による生産能力拡大の効果，資本蓄積の過程で生産高成長率も変化する．労働分配率と生産高成長率の関係は一義的には決まらない．労働分配率が上昇した場合，資本蓄積率は減少して生産量成長率を引き下げる効果をもたらす．他方，消費率が上昇し貯蓄率が下落するので，生産量成長率を引き上げる．前者の効果が後者の効果を上回れば，生産量成長率は労働分配率の減少関数となり，後者の効果が前者の効果を上回れば，生産量成長率は労働分配率の増加関数となる．生産量成長率と労働分配率のトレードオフ関係（悪循環）が一義的であった新古典派と比較して，ケインズ派の見解ではそれは一義的ではない．好循環，つまり同方向

第4章　労働分配率と実質賃金率及び実質為替相場の短期マクロ動学モデル……　125

への変動があり得るのである．ただし，ケインズ派のモデルでは資本係数が与えられたとすればの結論であることに注意しなければならない．投資／実質所得・比率は，資本係数・資本蓄積率，であるから，前述のケインズ派の議論は，資本係数が与えられていることが前提となっていることがわかる．したがって，資本係数（逆数は資本生産性）が供給サイドの変数として内生化されなければ，理論が完結しないことがわかる．

　上記の議論は，労働分配率の変化が外生的に仮定されて論理が展開されている．ところが，労働分配率は内生変数であって，実質賃金率／労働生産性である．したがって，この2つの変数の内生的な変化によって労働分配率の変化が決まるのである．ここで，新古典派モデルの場合の仮定と同一の仮定で理論を比較することが重要である．それは，実質賃金率が労働生産性の増加関数であり，労働生産性が資本蓄積率の増加関数であるという仮定である．

　つまり，理論の比較は，（政府支出／実質所得・比率を考慮した）マクロ貯蓄率によって資本蓄積が決まるとする（新古典派モデル）か，資本蓄積率と政府支出／実質所得・比率がマクロ貯蓄率を決定するとする（ケインズ派モデル）か，の本質的な相違が，生産量成長率と労働分配率の関係性にどのような相違をもたらすか，これが論争の中心となる．

　この2つの関係性を明らかにしているのが，不均衡における生産量調整の基本方程式であった．この基本方程式を理解するためにも，ケインズ派のモデルを理解するためにも，もう一度，定義を記しておこう．

　a：労働分配率，δ：資本／生産量・比率，g：資本蓄積率，c：消費性向，Y：生産量（実質所得），N：雇用，R：実質賃金率，n：労働生産性，C：消費需要，K：資本ストック，G：実質政府支出．

$$a = R / n, \quad \delta = K / Y, \quad C = cRN, \quad (dK / dt) / K = g \qquad (7\text{-}43)$$
$$g = g((1 - a) / \delta), \quad g' > 0$$
$$(dR / dt) / R = \phi((dn / dt) / n), \quad \phi' > 0$$
$$(dn / dt) / n = \Psi(g), \quad \Psi' > 0$$

$$G / Y = \Omega = 一定, \quad y = (dY / dt) / Y, \quad 1 > \chi > 0,$$

$$y = \chi \{\delta g + \Omega - (1 - c a)\},$$

$$(d a / dt) / a = (dR / R) / R - (dn / dt) / n$$

$$(d \delta / dt) / \delta = g - y$$

$$dY / dt = \chi [cRN + I + G - Y], \quad 1 > \chi > 0 \tag{7-44}$$

　生産量調整方程式で，生産量成長率と労働分配率の関係性が明らかとなる．両辺を生産量 Y で除して，次の方程式を得る．

$$y = \chi \{\delta g((1 - a) / \delta) + \Omega - (1 - c a)\} \tag{7-45}$$

　資本（ストック）／生産量・比率が固定しているか変動が小さく無視できるものであるとする．資本労働分配率と生産量成長率の関係性は，次のようになる．

$$\partial y / \partial a = \chi (- g' + c) \gtrless 0 \tag{7-46}$$

　条件付きで，労働分配率と経済成長率の同方向への変動，つまり，好循環が生じる鍵は，ケインズ派の場合，やはり有効需要の構造的特徴にある．消費性向が資本蓄積率の利潤率に対する感応性より大きい構造が好循環の基礎にある．このことは有効需要の原理からして概ね推測のつくことである．

　それでは，資本／生産量・比率が生産量成長率に与える影響を見ておこう．そのためには，次の弾力性概念が必須である．

$$1 > \theta = (\delta / g) \{g'(1 - a) / (\delta^2)\} > 0 \tag{7-47}$$

$$\partial y / \partial \delta = \chi g(1 - \theta) \tag{7-48}$$

$$if. \quad \theta = 1, \quad then, \quad \partial y / \partial \delta = 0$$

$$if. \quad 0 < \theta < 1, \quad then, \quad \partial y / \partial \delta > 0$$

　弾力性が，1であれば，資本／生産量・比率は生産高成長率に影響を及ぼさない．したがって，近似的に1に近い値を仮定すれば，事実上この影響を取り

第 4 章　労働分配率と実質賃金率及び実質為替相場の短期マクロ動学モデル……　127

除くことができる．成長率に影響を及ぼすのは，労働分配率のみとなる．

　労働分配率の変化率は，実質賃金率の変化率から労働生産性の変化率を引いた差に一致するので，次のように表すことができる．次の式に表されているように，前者は後者の増加関数である．

$$da / dt = a\left[\phi((dn / dt) / n) - (dn / dt) / n\right] \tag{7-49}$$

　労働生産性の伸び率は資本蓄積率の増加関数であるので，これを考慮すると，ケインズ派の成長と分配の基本モデルは，最も単純化された場合には，次のように構成することができる．

$$y = \chi\left\{\delta g((1 - a) / \delta) + \Omega - (1 - c a)\right\} \tag{7-50}$$
$$da / dt = a\left[\phi(\Psi(g((1 - a) / \delta)))\right.$$
$$\left. - \Psi(g((1 - a) / \delta))\right]$$

　この単純なモデルの定常均衡では，$da / dt = 0$，であり，労働分配率が定常値をとり，したがって，それに依存する生産量成長率も定常値をとる．

　定常均衡の条件は，次の通りである．定常値には，$*$，をつけて表す．

$$\delta g((1 - a^*) / \delta) + \Omega - (1 - c a^*) = (1 / \chi)y^* \tag{7-51}$$
$$\phi(\Psi(g((1 - a^*) / \delta))) - \Psi(g((1 - a^*) / \delta)) = 0$$

　この定常均衡が安定であるためには，次の条件が成立する必要がある．

$$d(da / dt) / da = (\phi' - 1)(\Psi' g'(-1 / \delta)) < 0 \tag{7-52}$$

　この条件が成立するためには，次の条件が必要であり，この条件が安定条件となる．

$$\phi' > 1 \tag{7-53}$$

　この条件は，労働生産性の伸び率が大きくなったときに，実質賃金率上昇率はこれを上回ることを意味している．これは，通常の実質賃金率変化を生産性

上昇率の範囲内におさめるというガイドライン，$\phi' \leqq 1$ に反している．つまり，カウンター・ガイドラインが成立することが，このモデルの定常均衡が安定であるとことの条件である．

次の条件が，成立している場合は，前述したように，経済成長率，つまり生産高成長率は労働分配率の増加関数である．

$$c > g' \tag{7-54}$$

定常均衡が安定で，労働分配率と経済成長率が同方向に変動する好循環モデルとなる．

経済成長率が労働分配率とトレードオフ関係となる条件は，次の通りである．

$$c < g' \tag{7-55}$$

（7-55）式の安定条件が成立する場合，経済成長率と労働分配率は逆方向に変動する悪循環モデルとなる．

定常均衡が不安定となるモデルでも，好循環モデル，悪循環モデルの両方があり得るが，定常均衡値が成立することはあり得ない．

不安定で好循環モデルの条件は，次の通りである．

$$\phi' < 1, \ c > g' \tag{7-56}$$

不安定で悪循環モデルの条件は，次の通りである．

$$\phi' < 1, \ c < g' \tag{7-57}$$

3）　図解

ケインズ派の最も重要な理論は，言うまでもなく，有効需要の理論である．成長と分配の問題についても，この理論が活躍することは言うまでもない．経済成長率（それは付加価値生産量の成長率で示される）と労働分配率の好循環か悪循環かを決めているのは，資本蓄積率の利潤率に対する感応性と労働者の消費

性向の大小関係である．前者の方が後者よりも大きければ，経済成長率と労働分配率は逆方向に変動する．本稿では，これを悪循環と定義している．後者の方が前者よりも大きければ，経済成長率と労働分配率は同方向に変動する．本稿では，これを好循環と定義している．

資本ストック／生産量比率は，利潤率に影響及ぼすことを通じて資本蓄積率に影響を及ぼす．資本蓄積率のこの比率に対する弾力性が1に等しいかその近傍であるならば，この比率が経済成長率に影響を及ぼさないか及ぼしても無視できるほど小さい．このことが，前述の命題の成立の前提条件となっている．

この仮定の下で，ケインズ派の理論では，経済構造次第では悪循環も成立するし好循環も成立する．経済成長率と労働分配率の好循環を成立させるためには，消費性向を資本蓄積率の利潤率に対する感応性よりも大きいことが必要であった．

好循環が成立する傾向があっても，それがサスティナブルでなければならない．それを保証するのが，定常均衡の安定性である．定常均衡とは，経済成長率と労働分配率が定常値に収束することを意味する．この安定条件は，実質賃金率が上昇する場合，それが労働生産性の上昇率を超えることを意味する．通常，実質賃金率の上昇率に等しいかそれ以下に抑えることが望ましいとされる．これが賃上げのガイドラインとなる．ケインズ派の好循環モデルがサスティナブルであるためには，いわばカウンター・ガイドラインが賃上げの基準とならなければならない．これが結論である．

さてここでは，以上の分析を図解しておこう．好循環で安定な場合である．実質賃金率と労働生産性の関係がガイドライン通りであれば，好循環は不安定である．好循環モデルは，安定な場合と不安定な場合とに分かれる．

図4-1は経済成長率と労働分配率という変数の二次元平面である．右上がりの曲線は，経済成長率が労働分配率の増加関数であることを意味している．最初の図が好循環で定常均衡値に労働分配率は収束する．そのプロセスでは，労働分配率と経済成長率は同方向に変動する．後者の図は，経済成長率と労働分配率は同方向に変動するが，定常値に収束することはない．つまり，不安定である．好循環はサスティナブルではない．ただし，労働分配率は定義によって1を超えない範囲内での変動である．矢印でもって，経済の動きを示している．当該経済は，描かれている右上がりの曲線状を移動する．

図4-1　消費性向　＞　資本蓄積の利潤率感応性

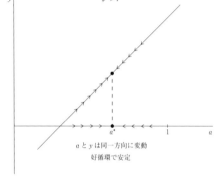

aとyは同一方向に変動
好循環で安定

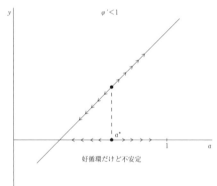

好循環だけど不安定

（出所）　筆者作成

第4章 労働分配率と実質賃金率及び実質為替相場の短期マクロ動学モデル…… 131

図 4-2 は悪循環モデルを図示している．安定な場合も，不安定な場合も，労働分配率と経済成長率は逆方向に変動する．つまり，労働分配率が上昇していく場合，経済成長率は低下していく．逆に，前者が下落していく場合，後者は上昇していく．悪循環モデルの場合も安定条件は同じである．

図 4-2　消費性向　＜　資本蓄積率の利潤率感応性

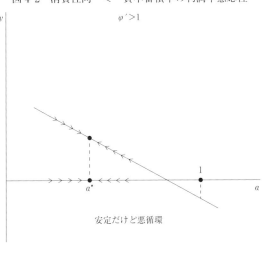

安定だけど悪循環

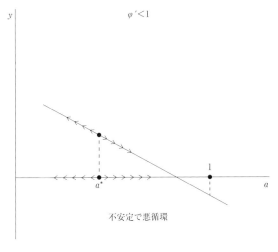

不安定で悪循環

4) 一般的な場合

ここで再度，生産量成長率と資本／生産量・比率の関係を確認しておこう．この論点は，既に詳述されているので，参照されたい．生産高成長率と労働分配率の関係を表す基本方程式には，下記に示されているように，資本／生産量比率も含まれていて，生産高成長率に影響を及ぼす．

$$y = \chi \{ \delta g((1-a)/\delta) + \Omega - (1-ca) \} \qquad (7\text{-}58)$$

資本（ストック）／生産量・比率が固定しているか変動が小さく無視できるものであるとすれば，労働分配率と生産量成長率の関係性は，次の通りであった．

$$\partial y / \partial a = \chi (c - g') \qquad (7\text{-}59)$$

ケインズ派の理論では消費性向が資本蓄積率の利潤率に対する感応性が大きい構造が好循環の基礎にある．このことは有効需要の原理からして概ね推測のつくことである．

それでは，資本／生産量・比率が生産高成長率に与える影響を見ておこう．そのためには，次の弾力性概念が必須である．

$$1 > \theta = (\delta/g) \{ g'(1-a)/(\delta 2) \} > 0 \qquad (7\text{-}60)$$
$$dy/d\delta = \chi g(1-\theta)$$
$$if, \ \theta = 1, \ then \ dy/d\delta = 0$$
$$if, \ 0 < \theta < 1, \ then \ dy/d\delta > 0$$

弾力性が，1 であれば，資本／生産量・比率は生産量成長率に影響を及ぼさない．したがって，近似的に 1 に近い値を仮定すれば，事実上この影響を取り除くことができる．経済成長率に影響を及ぼすのは，労働分配率のみとなる．このことを前提に，経済成長率と労働分配率の好循環及び悪循環について分析してきたのが，これまでの分析であった．今回は，この弾力性が 1 より小さくて，資本／生産量・比率の上昇が生産量成長率を上昇させる一般的な場合を分

第4章　労働分配率と実質賃金率及び実質為替相場の短期マクロ動学モデル……　133

析する.

　労働分配率と資本／生産量・比率の動学方程式によって，一般的なケインズ派のマクロ・モデルは構成され，それは，以下の連立微分方程式で表される.

$$da / dt = a[\phi \{\Psi(g((1-a) / \delta))\} \qquad (7\text{-}61)$$
$$- \Psi \{g((1-a) / \delta)\}$$
$$d\delta / dt = \delta [g((1-a) / \delta) - \chi \{\delta g((1-a) / \delta)$$
$$+ \Omega - (1 - ca)\}]$$

この動学モデルの定常均衡では，次の条件が成立している.

$$(dR / dt) / R = (dn / dt) / \text{n} \qquad (7\text{-}62)$$
$$g = y$$

　定常均衡では，実質賃金率の変化率は労働生産性の変化率に一致し，資本蓄積率と生産量成長率も一致する．労働分配率と資本／生産量・成長率は，次の条件で決定される．これらの変数の定常値は $*$ をつけて表す.

$$\phi \{\Psi(g((1-a^*) / \delta^*))\} - \Psi(g((1-a^*) / \delta^*)) = 0, \qquad (7\text{-}63)$$
$$g((1-a^*) / \delta^*) - \chi \{\delta g((1-a^*) / \delta^* + \Omega - (1 - ca^*) = 0$$

　この定常均衡の近傍で，(7-61) 式の連立微分方程式を線型近似し，その係数行列 $[A_{i,j}]$，$i = 1, 2$，$j = 1, 2$，を求める．i は行，j は列をそれぞれ表す．偏微分係数は定常均衡近傍で評価されている．ただし，$0 < \theta < 1$.

$$d(da / dt) / da = a^* [(\phi' - 1) \{\Psi' g' (-1 / \delta^*)\}] \qquad (7\text{-}64)$$
$$= A_{1,1} \gtrless 0$$
$$d(da / dt) / d\delta = a^* [(\phi' - 1) \{\Psi' g' (-(1 - a^*))$$
$$/ (\delta^{*\wedge}2)\}] = A_{1,2} \gtrless 0$$
$$d(d\delta / dt) / da = \delta^* [g' (-1 / \delta^*) - \chi (c - g')]$$
$$= A_{2,1} \gtrless 0$$

$$d(d\delta / dt) / d\delta = \delta^* \left[g'(1-a^*)(-1/(\delta^{*\wedge}2)) \right.$$
$$- \chi \left\{ g + \delta^* g'(1-a^*)(-1/(\delta^{*\wedge}2)) \right\} \right]$$
$$= \delta^* \left[-g'(1-a^*)(1/\delta^{*\wedge}2) - \chi g(1-\theta) \right]$$
$$= A_{2,2} < 0$$

定常均衡が安定である必要十分条件は, 係数行列の2次の特性方程式の根が負であることである. その条件は, 次の通りである.

$$A_{1,1} + A_{2,2} < 0, \quad A_{1,1}A_{2,2} - A_{1,2}A_{2,1} > 0 \qquad (7\text{-}65)$$

定常均衡が安定である必要十分条件を充たす, 1つの十分条件は, 次の通りである.

$$\phi' > 1, \quad A_{2,1} > 0 \qquad (7\text{-}67)$$

$\phi' > 1$であれば, これまで詳述してきたように, 労働分配率の自律的運動は安定的である. この条件があれば, 安定であるための必要条件は充たされることになる. また, この条件は下記の条件も同時に意味している.

$$sign A_{1,1} = sign A_{1,2} \qquad (7\text{-}68)$$

つまり, 実質賃金率の変化率と労働生産性の変化率の関係が, 労働分配率の変動を決定している. 後者よりも前者が大きければ, 実質賃金率の生産性ガイドラインは成立しないが, それが労働分配率の変動の安定性をもたらしている. それは, 資本／生産量・比率の影響についても同じである.

そうであるならば, $A_{2,1} > 0$の条件が, 安定性のためには必要となる. この条件は, 労働分配率の資本／生産量・比率の変動に与える影響である. 労働分配率の生産高成長率に与える影響については, 下記の条件が決定していることは既に分析されている.

$$c > g' \qquad (7\text{-}69)$$

第4章　労働分配率と実質賃金率及び実質為替相場の短期マクロ動学モデル……　135

消費性向が資本蓄積率の利潤率感応性よりも大きい．この条件があれば，労働分配率の上昇は生産高成長率を上昇させる．他方，労働分配率の上昇は資本蓄積率を減少させるので，この条件の下では，必ず，労働分配率の上昇は資本／生産量・比率を低下させる．つまり，下記の符号条件の成立を意味する．

$$A_{2.1} < 0 \tag{7-70}$$

$\phi' > 1$ の条件を加えれば，下記の条件が成立する．

$$A_{1.1} < 0, \; A_{2.1} < 0 \tag{7-71}$$

この条件は，定常均衡が不安定になる可能性を示している．

$$A_{1.1} + A_{2.2} < 0, \; A_{1.1}A_{2.2} - A_{1.2}A_{2.1} \lessgtr 0 \tag{7-73}$$

定常均衡が安定であるための十分条件は，資本蓄積率の利潤率感応性が十分に大きくなければならない．

$$A_{2.1} = \delta^* \chi (g' - c) - g' = (\delta^* \chi - 1) g' - \delta^* \chi c \tag{7-74}$$

さらに，次の条件が必要となる．

$$\delta^* \chi > 1 \tag{7-75}$$

生産物市場の調整スピード χ，は，1より小さいので，均衡近傍における資本／生産量・比率，$\delta^* = K^*/Y^* > 1$ が成立し，相対的に十分に大きくなければならない．また，生産物市場の調整スピードが相対的に大きいほどこの条件は充たされやすい．

定常均衡安定のための十分条件が充たされている場合の，定常均衡の性質について，分析することにする．

労働分配率，a，資本／生産量・比率が一定となる定常均衡は，上記のモデルから，以下の連立方程式で表されることは明らかである．

$$\phi \{\Psi(g((1 - a^*) / \delta^*))\} - \Psi(g((1 - a^*) / \delta^*)) = 0, \qquad (7\text{-}76)$$
$$g((1 - a^*) / \delta^*) - \chi \{\delta g((1 - a^*) / \delta^*) + \Omega - (1 - c a^*) = 0$$

最初の式は，実質賃金率の変化率と労働差生産性の変化率が一致し，労働分配率が一定となる均衡条件である．二番目の条件は，資本蓄積率と生産量成長率が一致する均衡を表し，資本／生産量・比率が一定となる均衡条件である．この連立微分方程式の全微分方程式は，次のように導出される．

$$(A_{1,1} / a^*) d a^* + (A_{1,2} / a^*) d \delta^* = 0, \qquad (7\text{-}77)$$
$$(A_{2,1} / \delta^*) d a^* + (A_{2,2} / \delta^*) d \delta^* = - d \Omega$$

$$a^* [(\phi' - 1) \{\Psi' g' (-1 / \delta^*)\}] \qquad (7\text{-}78)$$
$$= A_{1,1} < 0,$$
$$a^* [(\phi' - 1) \{\Psi' g' (-(1 - a^*)$$
$$/ (\delta^{*\wedge}2)\}] = A_{1,2} < 0,$$
$$\delta^* [g' (-1 / \delta^*) - \chi (c - g')]$$
$$= A_{2,1} > < 0,$$
$$\delta^* [g' (1 - a^*) (-1 / (\delta^{*\wedge}2))$$
$$- \chi \{g + \delta^* g' (1 - a^*) (-1 / (\delta^{*\wedge}2))\}]$$
$$= \delta^* [-g' (1 - a^*) (1 / \delta^{*\wedge}2) - \chi g^* (1 - \theta)] = A_{2,2} < 0$$

通常の仮定以外に，定常均衡が安定となるための十分条件は，次の通りであった．

$$(B_1) \quad \phi' > 1, \; A_{2,1} > 0 \qquad (7\text{-}79)$$
$$(B_2) \quad \phi' > 1, \; A_{2,1} < 0, \; A_{1,1} A_{2,2} - A_{1,2} A_{2,1} > 0$$

このいずれかが充たされていると仮定するので，定常均衡は安定である．

全微分方程式の係数行列の determinant（$\varDelta$）は次のように表すことができる．

第4章　労働分配率と実質賃金率及び実質為替相場の短期マクロ動学モデル……　137

$$\triangle = (A_{1.1}A_{2.2} - A_{1.2}A_{2.1}) / (a^* \delta^*) \tag{7-80}$$

　いずれかの十分条件が充たされれば，定常均衡は安定であり，財政政策として操作できる実質政府支出／実質所得・比率の効果を確認しておこう.

$$d\,a^* / d\,\Omega = (A_{1.2} / a^*) / \triangle < 0 \tag{7-81}$$
$$d\,\delta^* / d\,\Omega = (-A_{1.1} / a^*) / \triangle > 0$$

　(7-81) 式は，次の事を意味している．実質政府支出／実質所得・比率が上昇すれば労働分配率は下落し，資本／生産量・比率は上昇する．前者は概ね経験知と一致すると思われる．では，実質政府支出の実質所得に占める割合が財政政策として操作できるとした場合，労働分配率が上昇するケースはどんな場合なのか，これを明らかにしなければならない.

　それは，次のようなケースで，この場合，定常均衡は不安定となる.

$$\phi' > 1, \quad \triangle < 0 \tag{7-82}$$

　このケースの場合,

$$A_{1.1} + A_{2.2} < 0, \tag{7-83}$$

であるから，定常均衡はサドル・ポイントとなる．1本の定常均衡を通過する経路が存在し，そこでは，この財政政策が採られれば，労働分配率は上昇する（資本／生産量・比率は低下する）.
　財政政策は，定常均衡が安定な場合，実質政府支出が実質所得に占める割合を低めるように操作されれば，労働分配率を上昇させることができる．その場合，生産量成長率が上昇する場合は，(B_1) である．この場合では，有効需要の構造的条件が，次の性質を持たなければならない.

$$c > g' \tag{7-84}$$

つまり，労働分配率と生産量成長率の好循環が実現しそれがサスティナブルであるためには，定常均衡が安定であり，かつ，消費性向が資本蓄積率の利潤率感応性よりも大でなければならない．(6) 式が充たされていれば，

$$A_{2,1} < 0 \qquad (7\text{-}85)$$

が必ず成立している．

　一般的なモデルは，労働分配率と資本／生産量・比率の連立微分方程式モデルであった．定常均衡が安定である場合のモデルは，次の2つの場合で構成される．$A_{2,1} > 0$，と $A_{2,1} < 0$ の場合からなる．

　まず，前者の場合は，次のように図解できる．

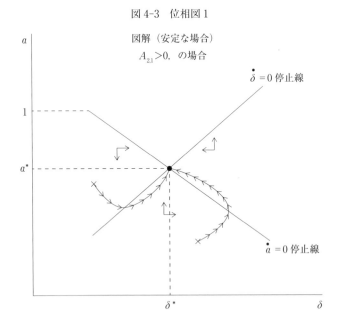

図 4-3　位相図 1

第4章 労働分配率と実質賃金率及び実質為替相場の短期マクロ動学モデル…… 139

下記の位相図は，後者の場合の安定均衡で，$A_{2,1} < 0$.

図4-4 位相図2

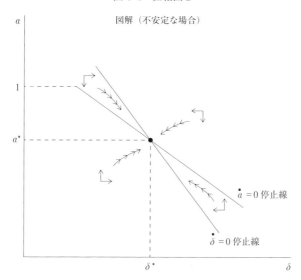

不安定な場合は下記の位相図

図4-5 位相図3

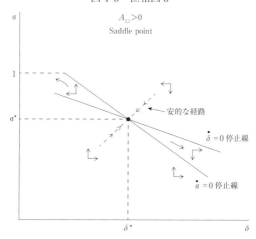

安定な場合は，財政政策の効果は，以下のように図解される．実質賃金率の変化率と労働生産性の変化率が一致する曲線が，Rn 曲線，資本蓄積率と生産量成長率が一致する曲線が gy 曲線である．安定均衡は 2 種類あったので，財政政策 Ω 上昇の効果も，2 つの場合がある．

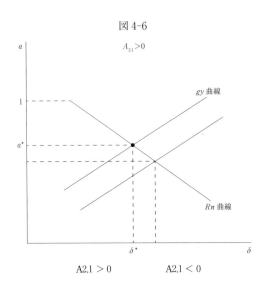

図 4-6

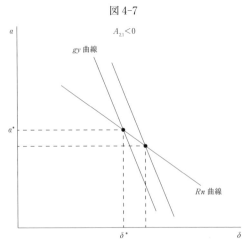

図 4-7

第 4 章　労働分配率と実質賃金率及び実質為替相場の短期マクロ動学モデル……　141

8. 結　　語

　本稿の分析で，本来含まれるべき論点で十分に敷衍できなかったものを示唆することで，結びに代えることにする.

　短期的モデルで，実質賃金率，労働分配率をキーワードとする好循環・悪循環を理論的に分析したが，本稿では指摘だけで終った論点も多い. その 1 つは，短期では労働力人員の固定性が大きいが，労働市場における雇用の調整問題が重要であると考えている.

　長期の成長モデルで，労働生産性の伸び率が，資本蓄積率に依存していると仮定したが，定義的関係から明らかなように，資本労働比率（Kexp（λt）／N）が労働生産性の伸び率を変化させる場合を検討することは重要な課題と考える.

　最後に，貯蓄の海外移転と対外・対内投資，モビリティの増大を構成する労働力移動等の問題が，成長と分配の好循環・悪循環に及ぼす影響の分析が重要な課題となっていることは余りにも明白であるが，紙幅の関係上，殆ど取り上げることが出来なかった.

　本稿がこれらの諸課題を分析する上で，基礎なることを願うばかりである.

1）　シドニー・ワイントラウプは，1914 年，ニューヨーク生まれのアメリカの経済学者，アメリカのポスト・ケインジアン，1983 年に亡くなった. 1950 年代から 70 年代にかけて活躍した. 著名な，ポスト・ケインジアンのポール・デヴィッドソンが弟子. ワイントラウプ方程式については，理論だけではなく，実証的な分析が展開された.

2）　テイラー・ルールでは，通常，次のように仮定されることが多い.
　　　$a > 0, \quad \delta > 0$

3）　成長モデルに基づいた分析であるので，短期モデルとは相対的に区別される.

4）　$n = (K/N)/|1/(K/Y)|$，利潤率 $= (PY - wN)/(PK) = (1 - a)/(K/Y)$
　　　前者は，労働生産性が資本労働比率，資本の生産性に依存していることを示している. 後者は，利潤率が，労働分配率と資本の生産性（Y/K）に依存していることを

示している.

5) ～は当該変数が定常値であることを示している. ・は d/dt を ＾ は変化率を表している.

6) 財市場の基本方程式, (7-24)′式は次の条件の妥当性を保証している. $\partial y / \partial a$ $= -c < 0,$ $\partial y / \partial \Omega = -1 < 0,$ $\partial y / \partial \gamma = -A > 0.$ したがって, 自国通貨高と労働分配率の上昇は相反するトレードオフ関係にある. この性質により, $\partial \dot{\gamma} /$ $\partial \gamma = \gamma$ $[\xi y (\partial y / \partial \gamma)] > 0.$ 経済のインフレ構造を表わしている ξy が大きくなればなる程この効果は強化される. 新古典派の教養に沿って経済運営を行っている国では, インフレ抑制は, 経済運営の不可欠の条件である.

このモデルの定常均衡では, 次の安定性の必要条件が充たされていない.

$(\partial \dot{a} / \partial a) + (\partial \dot{u} / \partial u) + (\partial \dot{\gamma} / \partial \gamma)$
$\quad = a$ $[(R' - 1)$ $n' (\partial y / \partial a)]$ $+ \gamma$ $[\xi y (\partial y / \partial \gamma)] \lessgtr 0$

$\partial \dot{\gamma} / \partial u \quad = \gamma (\xi_E - 1) L' > 0,$
$(\partial \dot{a} / \partial \gamma) = a$ $[(R' - 1)$ $n' (\partial y / \partial \gamma) \gtrless 0.$
$\partial \dot{\mu} / \partial a \quad = u$ $[-(\xi_y + 1)$ $(\partial y / \partial a)] > 0,$
$(\partial \dot{\mu} / \partial \gamma) = u$ $[-(\xi_y + 1)$ $(\partial y / \partial \gamma)] < 0.$

これらの条件が成立するので, 次の関係が成立する.

$(\partial \dot{\gamma} / \partial u)$ $[(\partial \dot{a} / \partial a)$ $(\partial \dot{u} / \partial \gamma)$ $- (\partial \dot{a} / \partial \gamma)$ $(\partial \dot{\mu} / \partial a)] \gtrless 0$

$R' > 1$ であっても, 安定性の必要条件が充たされない.

第5章　銀行系列の資産運用会社のパフォーマンス評価

奥　山　英　司

播磨谷　浩　三

1. はじめに

　2022年11月に，新しい資本主義実現会議にて，「資産所得倍増プラン」が決定された．その中で，「資産所得倍増プランの目標として，第一に，投資経験者の倍増を目指す．具体的には，5年間で，NISA総口座数（一般・つみたて）を現在の1,700万から3,400万へと倍増させることを目指して制度整備を図る．」「加えて，第二に，投資の倍増を目指す．具体的には，5年間で，NISA買付額を現在の28兆円から56兆円へと倍増させる．その後，家計による投資額（株式・投資信託・債券等の合計残高）の倍増を目指す．」「これらの目標の達成を通じて，中間層を中心とする層の安定的な資産形成を実現するため，長期的な目標としては資産運用収入そのものの倍増も見据えて政策対応を図る」ことが示された[1]．個人の資産形成ついて，長期積立分散投資がキーワードであり，資産所得倍増プランの目標を達成するために，NISA制度の恒久化や，一般NISA・つみたてNISAの投資上限額の増加が実現した[2]．

　このような個人投資家の資産形成に適した金融商品として投資信託があり，その商品設計や運用をしているのが資産運用会社である．資産運用業の改革についても，「資産運用立国実現プラン」の中で(1)資産運用力の向上やガバナンス改善・体制強化，(2)資産運用業への国内外からの新規参入と競争の促進という2つが挙げられ，アセットオーナーシップの改革に対して，(1)アセット

オーナー・プリンシプルの策定と⑵企業年金の改革が挙げられた[3]．個人投資家の投資を促すために，投資対象の金融商品である投資信託や，運用を担う資産運用業が注目され，これまで以上の働きが期待されている．

　本稿では，投資信託の中でも，国内株式を対象とするアクティブ運用に注目して，資産運用会社の属性によるパフォーマンスの違いについて確認をする．目安となる指数（ベンチマーク）に連動した運用をするインデックス運用に対して，アクティブ運用ではファンドテーマを設定し，ファンドマネージャーを始めとする運用チームが適した銘柄を選定して運用する．このためアクティブ運用ではパフォーマンスに差が発生する．資産運用会社は，銀行や証券会社，保険会社のグループ傘下であったり，独立系や外資系であったりするため，属性の違いによってパフォーマンスに差があるか否かは，投資家が投資先を選ぶ際に重要な点になる．

　本章の構成は以下の通りである．第2節で，近年の日本の投資信託市場の現状を概観し，アクティブ型投資信託についても見る．第3節では，アクティブ運用のパフォーマンスに関する評価について，金融庁が発表した資料や先行研究について確認する．第4節で本章で検証する仮説とその結果を整理し，第5節で全体のまとめを行う．

2．投資信託市場の現状

　日本では，投資信託の純資産総額が増加傾向にある（図5-1）[4]．2014年12月末には147.4兆円（公募93.5兆円，私募46.9兆円，その他7兆円）だったのが，2024年5月には361.7兆円（公募229.1兆円，私募116.8兆円，その他15.8兆円）に増加した．表5-1で公募投資信託の資金増減額（資金流入額と流出額の差）を確認すると，順調に資金が流入している，つまり公募投資信託への投資が増えていることが分かる．日本でNISA制度が導入されたのが2014年1月であり，株式投資信託や公社債投資信託が含まれる公募投資信託が順調に増加しているのは，旧NISA制度の成果のひとつだと考えられる．

　公募投資信託の中でも特に，株式投資信託（除くETF）の純資産総額に注目

第5章 銀行系列の資産運用会社のパフォーマンス評価 145

図5-1 投資信託の純資産総額

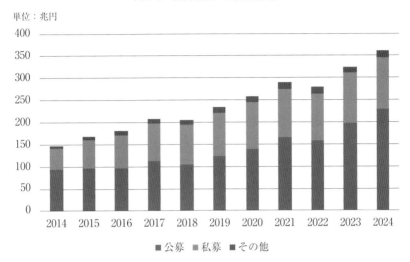

(注) 各年の12月末の金額．2024年は5月の金額
(出所) 投資信託協会「投資信託の主要統計等ファクトブック（2024年5月末）」を参考に作成

表5-1 公募投資信託の資金増減額

(単位：兆円)

2014	2015	2016	2017	2018	2019	2020	2021	2022	2023	2024
6.8	12.6	2.7	8.3	9.6	5	9.9	12.1	8.8	8.9	7.7

(注) 各年の12月末の金額．2024年は5月の金額
(出所) 投資信託協会「投資信託の主要統計等ファクトブック（2024年5月末）」を参考に作成

をすると，近年増加していることが分かる（図5-2）．アクティブファンドは2021年12月末に60兆円を上回り（68.9兆円），2024年5月には84.7兆円になった．インデックスファンドは2019年12月末に10兆円を超えてから（11.3兆円），2024年5月には40.8兆円に急増している．

表5-2よりこの間の資金増減額を確認すると，公募投資信託の資金増加額92.4兆円のうち57.6％が株式投資信託（除くETF）の資金増加額で説明される．特にアクティブファンドの増加が目立つ2021年以降では，各年の公募投資信託資金増加の73.0％から94.3％を株式投資信託（除くETF）の増加が占めてい

図 5-2 公募株式投資信託（除く ETF）のアクティブ型及びインデックス型ファンドの純資産総額

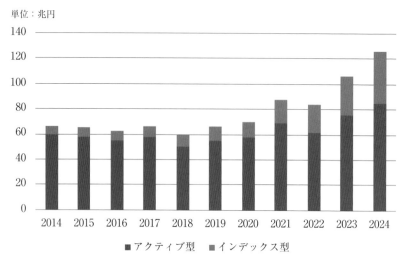

（注）　各年の 12 月末の金額，2024 年は 5 月の金額
（出所）　投資信託協会「投資信託の主要統計等ファクトブック（2024 年 5 月末）」を参考に作成

表 5-2　公募株式投資信託（除く ETF）の資金増減額（上段）と投資信託資金増減額に占める割合（下段）

（単位：上段 兆円，下段 割合）

2014	2015	2016	2017	2018	2019	2020	2021	2022	2023	2024
5.4	8.4	1.2	2.2	3.7	−0.5	1.9	9.2	8.3	6.5	6.9
0.794	0.667	0.444	0.265	0.385	−0.100	0.192	0.760	0.943	0.730	0.896

（注）　各年の 12 月末の金額，2024 年は 5 月の金額
（出所）　投資信託協会「投資信託の主要統計等ファクトブック（2024 年 5 月末）」を参考に作成

る．

　公募株式投資信託（除く ETF）に占めるインデックスファンドの割合は，2014 年 12 月末の 10.2％から 2024 年 5 月の 32.5％になっており，インデックスファンドの伸びが目立っている．日本でインデックスファンドの割合が増加していることについて，青山（2024）では，米国などではアクティブファンドが普及した後にインデックスファンドが台頭したのに対し，日本ではアクティ

ブファンドが十分に普及する前にインデックスファンドが注目されるように
なったことを指摘している.

しかし2024年5月時点において, アクティブファンドはインデックスファ
ンドの約2.08倍の純資産総額であり, アクティブ型が重要であることは変わっ
ていない.

3. アクティブ運用のパフォーマンスに関する評価

第2節で確認したように, 日本においてアクティブファンドは重要な運用手
段となっている. それではアクティブ運用のパフォーマンスは, どのように評
価されているだろうか. 金融庁が発表した「資産運用業高度化プログレスレ
ポート2022」(2022年5月) で, ① アクティブファンドの「シャープレシオ」
と, ② 国内株アクティブファンドの「アルファ」について分析をしている.
① アクティブファンドの「シャープレシオ」では, ファンド数が少ない運用
会社ではパフォーマンスが良好であるのに対し, 100本以上のファンドを運用
する会社では, 良好なファンドがある一方で, パフォーマンスがマイナスの
ファンドが多く見られることを指摘している. ② 国内株アクティブファンド
の「アルファ」では, Fama-Frenchの3ファクターモデルを用いて超過リター
ン (アルファ) を推計し, パフォーマンスの評価を行っている. アルファの推
計値が有意にマイナスとなったファンドの多くは大手資産運用会社のファンド
で, そのうち約7割が20年以上経過しているファンドであることが示され
た. これは①の結果と整合的であり, 大手資産運用会社のファンドの中にはパ
フォーマンスが劣っているものがあることが明らかにされた. この「資産運用
業高度化プログレスレポート2022」については, 明田 (2022) でも整理され,
重要な事項についてコメントされている. 翌年に発表された「資産運用業高度
化プログレスレポート2023」(2023年5月) では,「アクティブ運用の付加価値
の向上」の中で,「わが国の資本市場では, 機関投資家の投資に占めるパッシ
ブ運用の比重が高く, 中長期的な視点を持って企業を選別する投資家層が薄い
ことが指摘されている. (中略) 一方で, アクティブ運用は, 調査活動により

中長期的な視点で成長性の高い企業を発掘し，選別するという重要な価格発見機能を担っている」と説明されており，アクティブ運用の重要性を述べている．また，米国・欧州・日本の比較から，わが国の資本市場が欧米と比べて非効率であり，アクティブ運用拡大による企業選別を一層進めることで，パフォーマンスを高める余地が大きいとの解釈も可能であることを指摘し，アクティブ運用の可能性を示した[5]．つまり，日本は依然としてアクティブ運用が成果を挙げることができる市場環境であり，今後もアクティブファンドが成長する余地があると評価できる．また，金融機関グループとファンド投資家との利益相反懸念の払拭が必要であることも指摘している．アクティブファンドの必要性については，青山（2024）では杉田（2018）を引用して，株式市場の資本配分機能やスチュワードシップ責任の観点から指摘している．

　島田（2023）では，保有銘柄データを用いて，アクティブ型の国内株式投資信託のパフォーマンス分析を行っている．信託報酬や購入時手数料といった費用を控除する前では，アクティブファンドは平均的なパフォーマンスが優れている，つまり銘柄選択能力が認められた一方で，費用控除後にはそのパフォーマンスは消失していることを示した．Daniel et al.（1997）を始めとする先行研究と同様の結果であり，費用を考慮したときにはアクティブ運用の成果は優れているとは言えないことが示された．また中小型ファンドのパフォーマンスが高いことや，過去と将来パフォーマンスが正の関係を持つことから，パフォーマンスの継続要因が認められることを示した．

　アクティブ運用の中でも，資産運用会社の属性に注目して分析をしたのがFerreira et al.（2018）である．この研究では，2000年から2010年の28か国のデータを用いて，国内株式に投資するアクティブファンドについて分析した．資産運用会社が商業銀行グループに属することで，パフォーマンスに3つの可能性が考えられる．1つ目は，利益相反仮説である[6]．ファンドマネージャーはファンドへの投資家を犠牲にして銀行の融資事業に利益をもたらす行動をする可能性があるため，商業銀行グループ傘下の資産運用会社のパフォーマンスが他の属性（投資銀行や保険会社傘下，独立系など）の資産運用会社のパフォーマ

ンスより劣るというものである[7]. これは,銀行が傘下の運用会社のファンド
のリソースを使用して借り手との融資関係を構築しているという,Bharath et
al.（2007, 2011）や Ferreira and Matos（2012）に関連する視点である. 2つ目
は情報優位性仮説で,商業銀行からファンドマネージャーに有益な情報がもた
らされることにより,商業銀行系列資産運用会社のパフォーマンスが優れたも
のになる. Massa and Rehman（2008）は,アメリカのデータを用いた分析に
より,銀行の新規融資の発表時に系列の資産運用会社が融資対象企業の株式を
過剰に保有することで,ファンドのパフォーマンスに短期的にプラスの影響を
与えることを示している. 3つ目は,チャイニーズウォールにより,資産運用
会社が他の銀行部門から独立して運営されるため,属性はパフォーマンスに影
響しないというものである. Ferreira et al.（2018）では,商業銀行グループ傘
下の資産運用会社は他の資産運用会社に比べてパフォーマンスが劣ることを示
しており,商業銀行部門の規模が資産運用部門に比べて大きいほど,また資産
運用会社が銀行の融資顧客の株式を保有しているほど,パフォーマンスの低下
は顕著であった. これらは利益相反仮説を支持するものであり,資産運用会社
の独立性の問題を示唆する結果であった[8].

4. 仮説と分析

本節では,金融庁が公表した「国内運用会社の運用パフォーマンスを示す代
表的な指標（KPI）の測定と国内公募投信についての諸論点に関する分析」
（2023年）で別添として公表された,個別ファンドの2018年時点のシャープレ
シオ（2014年から2018年のデータより計算）と2022年時点におけるシャープレ
シオ（2018年から2022年のデータより計算）を比較することで,資産運用会社の
属性の違いによるパフォーマンスの差異や,近年の変化について検証する.
「資産運用業高度化プログレスレポート2022」などで指摘されているように,
アクティブ運用のパフォーマンスは一様ではなく大手資産運用会社には劣って
いるファンドがあるが,属性全体として見たときにどのように評価できるだろ
うか. Ferreira et al.（2018）で商業銀行グループの資産運用会社のパフォーマ

ンスは劣っていることが示されているが，近年の日本の投資を巡る環境は大きく変化しており，属性の違いでパフォーマンスが説明されるだろうか．これらを確かめるため，2つの仮説を検証する．

Ferreira et al.（2018）に基づいて，仮説1が考えられる．

仮説1：銀行グループの資産運用会社のパフォーマンスは，他の運用会社より劣っている．

これはエージェンシー問題として捉えると，資産運用会社のファンドマネージャーが，ファンド投資家のエージェントであると同時に親銀行のエージェントである，二重エージェンシー問題として理解できる．親銀行を優先して投資家の利益を損ねる場合に，仮説1が成立する．「資産運用業高度化プログレスレポート2023」では，金融機関グループとファンド投資家との利益相反関係が指摘されており，銀行以外の金融機関（証券会社や保険会社）の系列の場合についても追加的に確認する．

また属性がパフォーマンスに与える影響が変わらないならば，仮説2が考えられる．

仮説2：2018年時点と2022年時点を比較したとき，銀行グループの資産運用会社の評価は変化していない．

日本では監督官庁である金融庁が2020年から「資産運用業高度化プログレスレポート」発表するなど，アクティブファンドに対する指摘が多く見られるようになった[9]．この仮説が棄却される，つまり2018年時点と比較して2022年に変化が見られれば，銀行グループの資産運用会社のアクティブファンドの運用が改善（悪化）していると評価することができる．

株式投資信託の中で国内株式に分類され，その中でインデックス型でないファンドの，2018年時点と2022時点のシャープレシオに注目して，マン・ホ

イットニーの U 検定（Mann-Whitney U-test）を用いることで，シャープレシオが属性によって異なるか否か確認する[10]．例えば，銀行グループの資産運用会社のシャープレシオとそれ以外の資産運用会社のシャープレシオを比較して，平均に有意な差があるかを検定する．

表 5-3 と表 5-4 は，2018 年のシャープレシオの基本統計量と分布の形状である．対象となるアクティブ型株式投資信託は 493 本で，シャープレシオの最大値は 1.204，最小値は −0.200 で，全般にパフォーマンスが良い時期だった．P 値より，正規分布であることが棄却される．

表 5-3　2018 年のシャープレシオの基本統計量

観測数	平均	標準偏差	最大値	75%	中央値	25%	最小値
493	0.367	0.222	1.204	0.453	0.330	0.236	− 0.200

表 5-4　分布の形状[11]

観測数	歪度	尖度	Pr（歪度）	Pr（尖度）	修正カイ二乗値	P 値
493	1.040	4.774	0.000	0.000	67.640	0.000

表 5-5 より，シャープレシオの属性による違いを，マン・ホイットニーの U 検定による P 値で確認すると，銀行グループに属する資産運用会社のパフォーマンスは，それ以外の資産運用会社のパフォーマンスに比べて有意に劣っていることが分かる（5% 有意水準で 2 つのグループが平均的に等しいという帰無仮説を棄却する）．それに対して，独立系の資産運用会社のパフォーマンスは非常に優れている．銀行系列の資産運用会社のパフォーマンスが劣っているのは，Ferreira et al.（2018）の結果と整合的であり，2018 年のデータでは仮説 1 は確からしいと評価することができる．銀行以外の金融機関系列（証券会社，保険会社）の資産運用会社は他と有意に異なっておらず，銀行系列の資産運用会社の運用が劣っているのが特徴的である．

図 5-3 で，銀行系列資産運用会社のアクティブファンドのシャープレシオのヒストグラムを見る．全体のシャープレシオの平均値は 0.367 に対して，銀行

表 5-5　2018 年の属性別シャープレシオの比較

	観測数	平均	標準偏差	最大値	75%	中央値	25%	最小値	z 値	P 値
銀行以外	304	0.373	0.207	1.181	0.459	0.344	0.245	−0.200	2.201	0.028
銀行	189	0.356	0.245	1.204	0.435	0.283	0.227	−0.060		
証券以外	336	0.375	0.225	1.204	0.456	0.341	0.240	−0.146	1.146	0.252
証券	157	0.348	0.215	1.175	0.436	0.322	0.223	−0.200		
保険以外	442	0.364	0.223	1.204	0.455	0.344	0.233	−0.200	−1.080	0.280
保険	51	0.390	0.213	1.181	0.436	0.371	0.255	0.135		
独立系以外	479	0.358	0.217	1.204	0.441	0.325	0.231	−0.200	−4.764	0.000
独立系	14	0.670	0.176	0.966	0.764	0.670	0.636	0.325		
外資以外	411	0.368	0.234	1.204	0.449	0.325	0.230	−0.200	−1.300	0.194
外資	82	0.359	0.144	0.730	0.456	0.364	0.261	−0.146		

図 5-3　2018 年の銀行系列資産運用会社のアクティブファンドのシャープレシオ

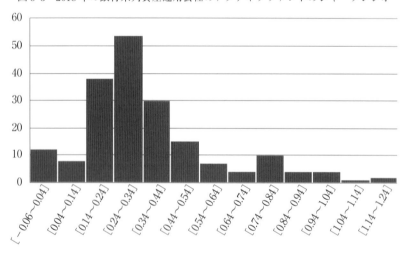

系列の資産運用会社のシャープレシオの最頻値は 0.24〜0.34 で，さらにそれより低い値に多くあることから，銀行系列資産運用会社はパフォーマンスが劣っている多くのファンドを運用していたことが分かる．

2022 年のシャープレシオの基本統計量と分布の形状が，表 5-6 と表 5-7 である．2018 年と比べて，平均値や中央値は小さく，最大値と最小値も小さくなっていることが分かる．2018 年から 2022 年にかけての運用パフォーマンス

第5章　銀行系列の資産運用会社のパフォーマンス評価　153

表5-6　2022年のシャープレシオの基本統計量

観測数	平均	標準偏差	最大値	75%	中央値	25%	最小値
565	0.229	0.152	0.696	0.311	0.229	0.143	− 0.565

表5-7　分布の形状

観測数	歪度	尖度	Pr（歪度）	Pr（尖度）	修正カイ二乗値	P値
565	− 0.305	4.822	0.003	0.000	29.070	0.000

は，相対的に不振であったことが明らかである．また分布の形状についてP
値を確認すると，2018年と同様に，正規分布であることが棄却されている．

　表5-8より，2022年の属性別パフォーマンスを確認する．2018年には劣っ
ていると評価された銀行系列の資産運用会社のシャープレシオは，それ以外の
資産運用会社と平均的に差があることが棄却されている．つまり銀行グループ
に属する資産運用会社のパフォーマンスは，他と比較して異なっているとは言
えないという結果となった．仮説1は認められない結果であり，仮説2も認め
られない．この期間に，銀行系列資産運用会社のパフォーマンスが改善し，銀
行系列だからという特徴が消失している．

　それ以外では，証券会社系列の資産運用会社のパフォーマンスは5%有意水

表5-8　2022年の属性別シャープレシオの比較

| | 観測数 | 平均 | 標準偏差 | 最大値 | 分位点 | | | 最小値 | z値 | P値 |
					75%	中央値	25%			
銀行以外	358	0.225	0.147	0.653	0.306	0.232	0.132	− 0.264	− 1.108	0.268
銀行	207	0.237	0.159	0.696	0.332	0.233	0.159	− 0.565		
証券以外	370	0.220	0.152	0.696	0.300	0.221	0.140	− 0.565	− 2.000	0.046
証券	195	0.247	0.149	0.605	0.329	0.253	0.161	− 0.135		
保険以外	508	0.230	0.155	0.696	0.320	0.233	0.142	− 0.565	0.775	0.438
保険	57	0.222	0.123	0.573	0.274	0.204	0.154	− 0.083		
独立系以外	540	0.229	0.150	0.696	0.309	0.232	0.144	− 0.565	− 0.662	0.508
独立系	25	0.230	0.189	0.653	0.329	0.262	0.143	− 0.264		
外資以外	484	0.239	0.153	0.696	0.322	0.240	0.159	− 0.565	3.958	0.000
外資	81	0.173	0.133	0.472	0.247	0.176	0.076	− 0.248		

準で他より優れており，外資系資産運用会社は1%有意水準で他より劣っていることが示された．

2018年は銀行系列の資産運用会社のパフォーマンスは他と比べて劣っていたが，2022年には他と有意な差が無いことが示された．このため Ferreira et al. (2018) が指摘するような，銀行グループの資産運用会社がエージェンシー問題によりファンド投資家に不利な行動をしていることが解消されていると評価できる．ただし今回は平均的に差があるか否かを検証しているため，銀行系列の資産運用会社のファンドの中に問題を抱えているものがある可能性は否定できない．表5-8を詳細に確認すると，他と比べて最大値が大きく，最小値が小さいことから，銀行系列の資産運用会社ではパフォーマンスが優れたファンドがある一方で，パフォーマンスが劣るファンドが存在していることが分かる．特に最小値が他と比べて著しく低いため，このようなファンドが銀行系列の資産運用会社のパフォーマンスの評価を下げている．

図5-4が2022年のヒストグラムである．シャープレシオの全体の平均値が0.229であるのに対し，銀行系列の資産運用会社のシャープレシオの最頻値は

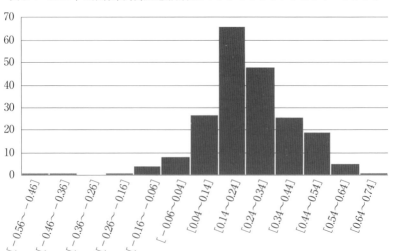

図5-4 2022年の銀行系列資産運用会社のアクティブファンドのシャープレシオ

0.14〜0.24 で，さらにそれより高い値に多くあることから，銀行系列資産運用会社はパフォーマンスが良い多くのファンドを運用していたことが分かる．

追加的に，表5-9で銀行系列の資産運用会社とそれ以外の資産運用会社のシャープレシオの比較について，その変化を確認する．シャープレシオは過去5年のデータによって計算されているため，対象となっている年が重なっていることに注意が必要である[12]．

2018年から2020年までは銀行系列の資産運用会社のパフォーマンスは他に比べて劣っているものの，2021年と2022年は平均的に差が無いことが分かる．つまり，近年になって銀行系列資産運用会社のパフォーマンスが改善していることを示している．ただし全期間にわたって標準偏差が他より大きく，2021年と2022年は最大値と最小値が銀行系列資産運用会社の投資信託であることから，銀行系列資産運用会社の設定している投資信託の中でのパフォーマンスにばらつきの大きいことが分かる．

銀行系列の個別のファンドを確認すると，2018年にシャープレシオが最下位だったファンドは2020年12月22日に償還されており，2022年にシャープレシオが最下位だったファンドは2024年7月25日が償還日だった．2022年に下位10番目までのファンドはシャープレシオがマイナスの値であり，特に問題のあるファンドだと評価できるが，このうち6つは償還日がこれから3年

表5-9　銀行系列資産運用会社のシャープレシオの推移

| | | 観測数 | 平均 | 標準偏差 | 最大値 | 分位点 | | | 最小値 | z値 | P値 |
						75%	中央値	25%			
2018年	銀行以外	304	0.373	0.207	1.181	0.459	0.344	0.245	−0.200	2.201	0.028
	銀行	189	0.356	0.245	1.204	0.435	0.283	0.227	−0.060		
2019年	銀行以外	331	0.462	0.202	1.358	0.564	0.436	0.344	−0.286	2.124	0.034
	銀行	195	0.436	0.246	1.177	0.544	0.393	0.293	−0.123		
2020年	銀行以外	358	0.433	0.212	1.214	0.573	0.425	0.299	−0.535	1.973	0.048
	銀行	204	0.399	0.226	1.046	0.546	0.376	0.261	−0.261		
2021年	銀行以外	359	0.595	0.211	1.241	0.737	0.605	0.464	−0.183	0.072	0.942
	銀行	211	0.588	0.232	1.318	0.728	0.593	0.489	−0.249		
2022年	銀行以外	358	0.225	0.147	0.653	0.306	0.232	0.132	−0.264	−1.108	0.268
	銀行	207	0.237	0.159	0.696	0.332	0.233	0.159	−0.565		

以内（2027年まで）に設定されている．パフォーマンスの劣っているファンド
が償還されることで，全体の評価も改善することが見込まれる．ただし残りの
4ファンドは償還日の設定が無い無期限のファンドであり，これらのファンド
を見直すことが必要であろう．特に2つはDCに対応するものであり，投資家
への丁寧な情報提供を通じて，適切な投資が行われるように促すことが考えら
れる[13)][14)]．

5．おわりに

　本章では，資産運用会社の属性によるパフォーマンスの違いについて検証を
行った．「資産所得倍増プラン」では個人投資家による投資を増やすことが目
標にされており，資産運用会社はファンド投資家のために良いパフォーマンス
をあげることが求められる．しかしFerreira et al.（2018）で示されているよう
に，銀行系列資産運用会社のファンドマネージャーの行動について，ファンド
投資家のエージェントであると同時に親銀行のエージェントである，二重エー
ジェンシー問題を考慮する必要がある．ファンドマネージャーが，ファンド投
資家の利益を損ねて親銀行を優先することは個人投資家の期待に反することで
あり，長期的な投資の増加にマイナスの影響を与える行動である．本章で行っ
たのは日本のデータを用いた簡単な分析であるが，銀行系列資産運用会社のパ
フォーマンスは，2018年では他の属性の資産運用会社（証券系，保険系など）
と比べて劣っていたのに対し，2022年には他と差が無いことが示された．こ
れは日本において銀行系列資産運用会社が適切な行動をしていることを示唆す
るものであり，良い方向に変化したと評価できる．

　しかし銀行系列資産運用会社には問題も残されている．パフォーマンスが優
れないファンドが存在しており，投資家への丁寧な説明により適切な投資をす
るように促す必要がある．期限のあるファンドについては低パフォーマンスで
ある投資をしている影響は限定されるが，DCのように長期の運用成果が必要
な場合に，パフォーマンスが劣っているファンドに長期間投資する悪影響は大
きなものとなる．結果として運用パフォーマンスが劣るファンドとなってしま

うことはあるだろうが，投資家への適切な対応は不可欠なものであり，より一層の顧客重視の行動が求められている．

本章では，金融庁が公表したデータを用いて簡単な分析を行ったが，課題も残されている．属性別に差があるか否かの大きな枠組みの分析であり，より詳細な検証が必要である．今回の結果を参考に個別ファンドの分析をすることで，資産運用会社の特性がさらに明確になることが期待できる．またデータで用いた運用パフォーマンスは，信託報酬や購入時手数料といった費用を控除する前の値であった．費用を考慮した実質的なパフォーマンスを分析することも必要であろう．しかし単純な分析ではあるが，本章で明らかになった銀行系列資産運用会社のパフォーマンスが改善していることは，資産運用業の現状を知る一助になったと考えられる．

＊　本章は JSPS 科研費 JP20K01776 の助成を受けた研究成果の一部である．

1)　「資産所得倍増プラン」（内閣官房　新しい資本主義実現本部／新しい資本主義実現会議）新しい資本主義実現会議決定（令和 4 年 11 月 28 日）資料より引用．
2)　資産所得倍増プランでは，7 つの柱が示された．
　　第 1 の柱：家計金融資産を貯蓄から投資にシフトさせる NISA の抜本的拡充や恒久化
　　第 2 の柱：加入可能年齢の引上げなど iDeCo 制度の改革
　　第 3 の柱：消費者に対して中立的で信頼できるアドバイスの提供を促すための仕組みの創設
　　第 4 の柱：雇用者に対する資産形成の強化
　　第 5 の柱：安定的な資産形成の重要性を浸透させていくための金融経済教育の充実
　　第 6 の柱：世界に開かれた国際金融センターの実現
　　第 7 の柱：顧客本位の業務運営の確保
3)　「資産運用立国実現プラン」（内閣官房　新しい資本主義実現本部／新しい資本主義実現会議）〈資産運用立国分科会取りまとめ（令和 5 年 12 月 13 日），新しい資本主義実現会議報告（令和 6 年 2 月 27 日）〉資料を参照．
4)　公募投資信託は，不特定多数の投資家に向けて募集するもので，個人投資家が主に投資する株式投資信託や公社債投資信託が含まれる．私募投資信託は，少人数または適格機関投資家など特定の投資家向けに募集するものである．今回のデータの

158

「その他」には，証券投信以外の契約型投信，証券投資法人，不動産投資法人，インフラ投資法人が含まれており，不動産投資法人及びインフラ投資法人は前月（ひと月遅れ）のデータである．

5) 米国・欧州・日本の各地域の大型株に投資するアクティブ運用のリテール向けファンドのコスト控除後リターンについて，2022 年 12 月末時点のデータを用いてベンチマークとの比較を行った．その結果，3 年，5 年，10 年の期間でベンチマークを上回るファンドの割合は，日本が一番多いことを明らかにしている．

6) Ferreira et al.（2018）ではこの利益相反仮説を明らかにした研究として，Ritter and Zhang（2007），Johnson and Marietta-Westberg（2009），Hao and Yan（2012），Berzins et al.（2013）などが挙げられており，この仮説を支持する研究が多いことを指摘している．

7) 商業銀行グループの資産運用会社は，親銀行の融資顧客の株を体系的にオーバーウェイトにしており，これにより親銀行が借り手企業と長期的な関係を築き，将来のビジネスにつながる可能性があることを指摘している．また，このような資産運用会社が多くの株式を保有することで，借り手企業の株主総会で反対票が減ることから，借り手の経営陣にもメリットがあることを示唆している．

8) 米国などコモン・ローの法体系の国では，銀行融資と資産運用活動の間のチャイニーズウォールがより厳格に適用され，投資家の権利がより適切に保護されていることも明らかにされた．シビル・ローに基づく日本では，情報の取り扱いについて検討の余地があると考えられる．

9) 「資産運用業高度化プログレスレポート」は 2020 年から 2023 年の間，毎年 4 月から 6 月の間に発行されていたが，2024 年は休止された．休止の理由は，課題の指摘段階から施策の実行段階に移ったためとしている．

10) 運用パフォーマンスとしてのシャープレシオであり，信託報酬や購入時手数料といった費用は考慮されていない点に注意が必要である．ただし分析対象はインデックス型ファンドを除く株式投資信託であるため，運用の巧拙を評価することはできると考えられる．

11) Pr（歪度）は，例えば 0.05 ならば正規分布の歪度と有意水準 5% で異なることを示す．Pr（尖度）も同様である．

12) 例えば野村アセットマネジメントのファンドレビューでは，コスト控除後のリターンとリスクに基づき，3 年と 5 年のパフォーマンスを示している．投資家が参照する過去のパフォーマンスとして 5 年が利用されており，ここで 5 年間のデータから計算されるシャープレシオを確認する意味があると考えられる．

13) DC とは，Defined Contribution Plan の略であり，確定拠出年金を意味する．その中でも iDeCo（個人型確定拠出年金）は 2022 年に制度改正が行われ，老齢給付金の受給開始時期の上限が延長されたり，年齢の要件などが拡大されたりして，利

用しやすくなった.

14) DC では長期の運用成果を考慮すべきものである点には注意が必要である. しかし iDeCo では，これから積み立てる商品の種類や配分を変更する「配分変更」と，これまで積み立てた商品の種類や配分を変更（解約・売却）する「スイッチング」が認められており，必要に応じて投資する商品を変更する対応も求められている.

参 考 文 献

青山直子（2024）「インデックスファンドが席巻する日本の投資信託―日本の特異事情と求められるアクティブファンドの活性化―」 投資信託協会 調査広報室レポート 2024 年 3 月 12 日

明田雅昭（2022）「資産運用業高度化プログレスレポート二〇二二が突き付けた重い宿題」『証券レビュー』 第 62 巻第 8 号，77-95 ページ

金融庁（2022）「資産運用業高度化プログレスレポート 2022」 2022 年 5 月

金融庁（2023）「資産運用業高度化プログレスレポート 2023―「信頼」と「透明性」の向上に向けて―」 2023 年 4 月

金融庁（2023）「国内運用会社の運用パフォーマンスを示す代表的な指標（KPI）の測定と国内公募投信についての諸論点に関する分析」の公表について 2023 年 6 月 26 日更新 https://www.fsa.go.jp/common/about/research/20220421_2.html （2024 年 6 月 30 日閲覧）

金融庁（2023）「資産所得倍増プランについて」QUICK 資産運用討論会 2023 年 1 月 19 日資料 https://www.fsa.go.jp/common/conference/danwa/20230119.pdf （2024 年 6 月 30 日閲覧）

島田俊寛（2023）「国内株式投資信託のパフォーマンス継続要因―保有銘柄データを用いた分析―」『証券アナリストジャーナル』 第 61 巻 11 号，106-115 ページ

杉田浩治（2018）『投資信託の世界』 金融財政事情研究会

投資信託協会「投資信託の主要統計等ファクトブック」 https://www.toushin.or.jp/statistics/factbook/index.html （2024 年 6 月 30 日閲覧）

内閣官房「資産所得倍増プラン」 https://www.cas.go.jp/jp/seisaku/atarashii_sihonsyugi/pdf/dabiplan2022.pdf （2024 年 6 月 30 日閲覧）

Bharath, Sreedhar., Sandeep Dahiya, Anthony Saunders, and Anand Srinivasan (2007) "So what do I get? The bank's view of lending relationships" *Journal of Financial Economics*, Vol. 85, No. 2 (Aug. 2007) pp. 368-419

Bharath, Sreedhar., Sandeep Dahiya, Anthony Saunders, and Anand Srinivasan (2011) "Lending relationships and loan contract terms" *Review of Financial Studies*, Vol. 24,

No. 4 (Apr. 2011) pp. 1141–1203

Berzins, Janis., Crocker Liu, and Charles Trzcinka (2013) "Asset management and investment banking" *Journal of Financial Economics*, Vol. 110, No. 1 (Oct. 2013) pp. 215–231

Daniel, Kent., Mark Grinblatt, Sheridan Titman, and Russ Wermers (1997) "Measuring Mutual Fund Performance with Characteristic-Based Benchmarks" *The Journal of Finance*, Vol. 52, No. 3, (Jul. 1997) pp. 1035–1058

Ferreira, Miguel., and Pedro Matos (2012) "Universal banks and corporate control: Evidence from the global syndicated loan market" *Review of Financial Studies*, Vol. 25, No. 9 (Sep. 2012) pp. 2703–2744

Ferreira, Miguel., Pedro Matos, and Pedro Pires (2018) "Asset Management within Commercial Banking Groups: International Evidence" *The Journal of Finance*, Vol. 73, No. 5, (Oct. 2018) pp. 2181–2227

Hao, Qing., and Xuemin Yan (2012) "The performance of investment bank-affiliated mutual funds: Conflicts of interest or informational advantage?" *Journal of Financial and Quantitative Analysis*, Vol. 47, No. 3 (Jun. 2012) pp. 537–565

Johnson, William., and Jennifer Marietta-Westberg (2009) "Universal banking, asset management, and stock underwriting" *European Financial Management*, Vol. 15, No. 4 (Jul. 2009) pp. 703–732

Massa, Massimo., and Zahid Rehman (2008) "Informational flows within financial conglomerates: Evidence from the banks-mutual funds relation" *Journal of Financial Economics*, Vol. 89 No. 2 (Aug. 2008) pp. 288–306

Ritter, Jay., and Donghang Zhang (2007) "Affiliated mutual funds and the allocation of initial public offerings" *Journal of Financial Economics*, Vol. 86, No. 2 (Nov. 2007) pp. 337–368

第6章　不動産投資とESG

石　島　　　博
髙　木　大　輔

1.　はじめに

　近年，欧米諸国を中心に投資家がESG（環境・社会・ガバナンス）要素を考慮して投資の意思決定を行うESG投資が急激に拡大している．これは従来から行われていた企業等の投資対象の財務分析に加えて，投資先の環境（Environmental），社会（Social），ガバナンス（Governance）などの非財務情報も投資判断において考慮することを意味しており，株式や社債への投資に加え，不動産投資においても経済的なリターンだけではなく，環境・社会へのインパクトも評価しようという動きがある．またSDGs（持続可能な開発目標）が国際社会全体の目標として共有されており，経済・社会・環境をめぐる広範な課題に総合的に取り組むことが重要とされており，不動産は環境や社会に関する課題解決に貢献できるポテンシャルが大きいことから，ESG投資の対象としても注目されている．

　経済的なリターンだけでなく環境への配慮や社会の持続可能性を重視するESG投資の背景には，投資において短期的なリスク・リターンに捉われず，中長期的なリスク・リターンと社会全体へのインパクトを重視すべきという考え方がある．これは2006年に責任投資原則（PRI：Principles for Responsible Investment）が提唱された後，2007-2008世界金融危機（GFC）を乗り越えるにあたって，金融市場の長期的な安定に対する世界的な関心が高まったことによ

り，機関投資家を中心に ESG 投資の動きが広まったことが一因である．

このような観点から不動産投資においても，世界的な地球温暖化や気候変動への対応が求められるほか，特に日本では人口減少や少子高齢化，防災・減災等への諸課題に対応することが重要であり，実際に欧米の投資家などから，そのような ESG 投資への対応が求められている．

世界各国で責任不動産投資（RPI：Responsible Property Investment）や ESG 要素を考慮した不動産投資が拡大しているが，これは不動産の開発・運用・投資が環境・社会面で様々な課題を解決し得ることに加え，そういった課題の解決を通じて不動産価値の向上が中長期的な収益性拡大につながり得るという認識が不動産企業やファンド，不動産投資家の間で共有されつつあるからである．またこのような不動産の新たな付加価値を捉える評価・認証制度や不動産投資が生み出すポジティブ・インパクトを計測するツールも発案・開発されてきている．

本稿ではこのような不動産投資と ESG に関わる世界的な潮流と事例について整理・議論する．

2．ESG 要素を考慮した不動産投資とは

不動産投資には「① 機関投資家等が行う資産運用における不動産企業・ファンドへの投資」と「② 不動産ファンドを含む民間企業が事業活動として行う不動産開発・運用」の 2 つがあり，ESG を考慮した不動産投資はこれら 2 つの投資において ESG 要素を考慮するものである（図 6-1）．一般的に ESG 投資の文脈で語られるのは，② の機関投資家等が行う資産運用に関するものである．しかし，ESG 要素を考慮した不動産投資の議論においては，① の資産運用における投資と ② の不動産開発・運用やそれらに関わる情報開示とを密接不可分に行うべきである．

図 6-1　ESG を考慮した不動産投資の種類と各主体の関係（国土交通省，2019）

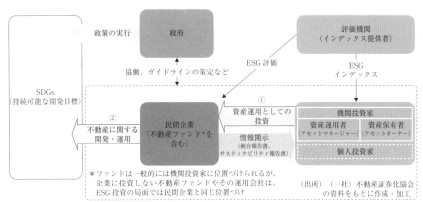

3. 日本の不動産投資市場の概要

　図 6-2 が示す通り我が国の不動産は約 2,600 兆円に達する巨額の資産である．その内訳は法人所有不動産が約 430 兆円，収益不動産が 208 兆円，Jリートを含む証券化された不動産は 30 兆円を超えており，公的不動産も約 600 兆円あることから，不動産が国民生活や経済成長を支える不可欠かつ重要な基盤

図 6-2　日本の不動産投資市場の規模（国土交通省，2018）

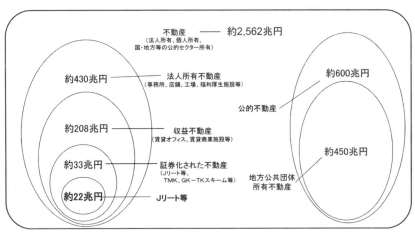

であることが分かる．特に ESG 投資の急激な拡大を背景として，不動産の開発・運用・投資の場面で環境や社会に関する課題解決に貢献できるポテンシャルの大きさが注目されている．例えば，部門別の最終エネルギー消費について，産業部門や運輸部門に比して，業務部門や家庭部門の非住宅建築物や住宅における消費量の伸びが大きく，消費量も全体の約 1／3 を占めている．令和元年 6 月 11 日に閣議決定された「パリ協定に基づく成長戦略としての長期戦略」においても ESG 金融の拡大に向けた取組みの一環として ESG 要素を考慮する動きを不動産等に拡大するとされている．経済産業省が公表した「2050年カーボンニュートラルに伴うグリーン成長戦略」においても「住宅・建築物は，民生部門のエネルギー消費量削減へ大きく影響する分野」と明記されている．

4．ESG 投資の世界的な潮流

ESG 投資とは投資の意思決定に環境，社会，ガバナンスの要素を考慮し，リスク管理を向上させ，持続可能で長期的なリターンを獲得することを目指す投資手法である．

国連環境計画・金融イニシアティブ（UNEP FI）と国連グローバル・コンパクト（UNGC）が 2006 年に，ESG 投資のガイドラインとして表 6-1 の 6 原則から成る PRI を提唱した．その後，2007-2008 世界金融危機（GFC）を乗り越えるにあたって金融市場の長期的な安定性に関心が高まったこともあり，機関投資家を中心に ESG 投資の動きが広がるようになった．こうした流れの中で各国の PRI の署名機関数は増え，2024 年 3 月 31 日時点で 5,345 機関が署名している．

このように ESG 投資が急拡大している背景として，広く分散されたポートフォリオにより長期にわたって投資を行う本邦の年金積立金管理運用独立行政法人（GPIF）のようなユニバーサル・オーナーや大手機関投資家が長期的に安定したリターンを獲得するためには，個々の投資対象の価値が持続的に高まることが必要である．そのためには環境問題や社会問題などの資本市場が有する

第 6 章　不動産投資と ESG　165

表 6-1　PRI の 6 原則

1. We will incorporate ESG issues into investment analysis and decision-making processes.（私たちは投資分析と意志決定のプロセスに ESG の課題を組み込みます.）

2. We will be active owners and incorporate ESG issues into our ownership policies and practices.（私たちは，活動的な所有者になり，所有方針と所有習慣に ESG 課題 を組み入れます.）

3. We will seek appropriate disclosure on ESG issues by the entities in which we invest.（私たちは，投資対象の主体に対して ESG の課題について適切な開示を求めます.）

4. We will promote acceptance and implementation of the Principles within the investment industry.（私たちは，資産運用業界において本原則が受け入れられ，実行に移されるように働きかけを行います.）

5. We will work together to enhance our effectiveness in implementing the Principles.（私たちは，本原則を実行する際の効果を高めるために，協働します.）

6. We will each report on our activities and progress towards implementing the Principles.（私たちは，本原則の実行に関する活動状況や進捗状況に関して報告します.）

負の外部性が最小化され，社会全体が持続可能になることが不可欠という考え方がある.

　表 6-2 に示すように，世界の ESG 投資額を集計している国際団体の GSIA（Global Sustainable Investment Alliance）が 3 年に一度発表している「Global Sustainable Investment Review（GSIR）」によれば，日本は 2014 年から 2016 年

表 6-2　国・地域別 ESG 投資の成長率（GSIA, 2023）

国・地域	国・地域通貨単位の投資額（単位：10億）					成長率				年平均成長率
	2014	2016	2018	2020	2022	2014-2016	2016-2018	2018-2020	2020-2022	2014-2020
Europe	£9,885	£11,045	£12,306	£10,730	£12,401	12%	11%	− 13%	31%	4%
United States	$6,652	$8,723	$11,995	$17,081	$8,400	33%	38%	42%	− 51%	3%
Canada	$1,011	$1,505	$2,132	$3,166	$3,014	49%	42%	48%	− 5%	15%
Australia/New Zealand	$203	$707	$1,033	$1,295	$1,680	248%	46%	25%	30%	30%
Japan	¥840	¥57,056	¥231,952	¥310,039	¥493,598	6692%	307%	34%	59%	122%

まで約 67 倍，2016 年から 2018 年まで約 3 倍と急成長し，2018 年には約 232
兆円となり，2014-2020 年の期間は年平均で 122%の成長を遂げた．この背景
には，GPIF が 2017 年 7 月に ESG 指数に連動した日本株の運用を 1 兆円規模
で始めたことが関係している．

　このような流れをうけて GPIF では 2015 年，スチュワードシップ責任を果
たす一環として ESG への取組みを強化し，ESG への考え方を明確にするため
に責任投資原則に署名した．また 2017 年 10 月には株式にとどまらず，債券や
オルタナティブ資産（インフラ，不動産等）など全ての資産で ESG 要素を考慮
するよう，表 6-3 の通り投資原則を改めた．なお下表は令和 2 年 4 月 1 日に一
部変更された最新版の投資原則であるが，不動産を含むオルタナティブ資産を
ESG 投資に含めることについては 2017 年 10 月には発表されている．

　ESG 投資には様々な種類があり，GSIA では以下の 7 つに分類している（表

表 6-3　GPIF の投資原則（GPIF，2020）

［1］年金事業の運営の安定に資するよう，専ら被保険者の利益のため，長期的な観点から，年金財政上必要な利回りを最低限のリスクで確保することを目標とする．
［2］資産，地域，時間等を分散して投資することを基本とし，短期的には市場価格の変動等はあるものの，長い投資期間を活かして，より安定的に，より効率的に収益を獲得し，併せて，年金給付に必要な流動性を確保する．
［3］基本ポートフォリオを策定し，資産全体，各資産クラス，各運用受託機関等のそれぞれの段階でリスク管理を行うとともに，パッシブ運用とアクティブ運用を併用し，ベンチマーク収益率（市場平均収益率）を確保しつつ，収益を生み出す投資機会の発掘に努める．
［4］投資先及び市場全体の持続的成長が，運用資産の長期的な投資収益の拡大に必要であるとの考え方を踏まえ，被保険者の利益のために長期的な収益を確保する観点から，財務的な要素に加えて，非財務的要素である ESG（環境・社会・ガバナンス）を考慮した投資を推進する．
［5］長期的な投資収益の拡大を図る観点から，投資先及び市場全体の長期志向と持続的成長を促す，スチュワードシップ責任を果たすような様々な活動（ESG を考慮した取組を含む．）を進める．

表 6-4　ESG 投資の種類

1. ネガティブ・スクリーニング	一定の倫理的でないとされる企業（環境破壊への関与等）を投資対象から除外
2. ポジティブ・スクリーニング	ESG に関する評価の高い企業に対する投資
3. 規範に基づくスクリーニング	経済協力開発機構（OECD）や国際労働機関（ILO）等の国際規範の最低事業水準に達しているか否かを基準として投資
4. ESG インテグレーション	財務情報に加え，ESG に係る非財務情報の分析を基に投資
5. サステナビリティテーマ投資	持続可能性に特に関係の深いテーマや資産に投資
6. インパクト・コミュニティ投資	社会面・環境面での課題解決を図るとともに経済的利益を追求する投資
7. エンゲージメント・議決権行使	株主としての議決権行使，情報開示要求などを通じて投資先企業に対し ESG への配慮を要求

6-4)．「7．エンゲージメント・議決権行使」は投資先や投資候補先に対してエンゲージメントや議決権行使を積極的行う「アクティビスト（物言う株主）」型の戦略であり，他の 6 手法と組み合わせて実施されることも多い．1～6 の手法は投融資ポートフォリオを構築するための ESG 投資戦略になるが，これらの 7 手法は重複して用いられることもある．またこれらの 7 手法と同様に紹介される方法として「ダイベストメント（投資撤退）」がある．現在世界中で機関投資家が脱炭素社会への移行の過程で座礁資産化すると予想される石炭火力発電への投融資を引き上げ，さらには今後新規投資を停止する旨を発表している．このような例がダイベストメントに該当する．

5．世界における ESG を考慮した不動産投資の動向

UNEP FI の不動産ワーキンググループが 2019 年 3 月に欧州・北米・アジア太平洋の機関投資家や不動産投資信託（REIT）等 44 機関に対して行った調査（UNEP FI, 2019）によれば，不動産投資の判断に ESG を考慮しているのは全体の 93％，不動産投資のリスク管理に ESG 要素を考慮しているのが 85％であった．またいずれの地域においても ESG 評価項目のうちエネルギー消費や

温室効果ガス排出，水利用などの環境面（E），居住者や労働者の健康等の社会面（S）を特に重視していることが明らかになった．

ESG不動産投資が世界各国で普及しつつあるのは，不動産の開発・運用・投資が環境・社会面の様々な課題を解決し得ること，また課題解決による不動産価値の向上が中長期的な収益拡大につながり得るという共通認識が徐々に形成されてきたからである．

具体的にはUNEP FIの調査によれば，不動産セクターのエネルギー消費量およびCO$_2$換算のGHG排出量はともに世界全体の4割弱を占めている．日本でも経済産業省が発表したグリーン成長戦略において「住宅・建築物は，民生部門のエネルギー消費量削減へ大きく影響する分野」と明記されるなど，2015年に締結されたパリ協定の2℃目標の達成に向けて不動産セクターの貢献が期待されている．また今後，更なる実証研究が必要であるものの，ザイマックス不動産総合研究所などの調査結果（公益社団法人日本不動産鑑定士協会連合会，2019）では省エネ化などの不動産の環境パフォーマンスの向上は賃料の向上と正の相関関係が認められ，ESG課題を考慮した不動産投資が考慮しない不動産投資に比べて中長期的に高いリターンを実現する可能性があることを示唆している．

6．UNEP FIの責任不動産投資（RPI）

機関投資家が不動産投資にESGを考慮する背景としては，UNEP FIのRPIがある．これは元国連事務総長のコフィー・アナン氏が2006年に提唱したPRIを不動産セクターにまで拡張した考え方である．RPIには，省エネや環境保護，自発的認証制度といった環境（E）の要素に加え，労働者福祉，自然災害等の防止策などの安全衛生等の社会（S）の要素も含まれている．不動産は地球環境問題・気候変動対策から地域活性化，老人福祉に至るまで様々な社会課題と密接に関わっており，RPIの10項目にもそれらが盛り込まれていることが分かる（表6-5）．

表6-5　責任不動産投資（RPI）原則の10項目（UNEP FI, 2008）

項　目	概　要
省エネルギー	省エネルギーのための設備改良，グリーン発電およびグリーン電力購入，エネルギー効率の高い建物など
環境保護	節水，固形廃棄物のリサイクル，生息地保護など
自発的認証制度	グリーンビルディング認証，認証を受けた持続可能な木材による仕上げなど
歩行に適した都市整備	公共交通指向型都市開発，歩行に適したコミュニティ，複合用途開発など
都市再生と不動産の利用変化への柔軟性	未利用地開発，柔軟に変更可能なインテリア，汚染土壌地の再開発など
安全衛生	敷地内の保安，自然災害の防止策，救急対応の備えなど
労働者福祉	構内託児所，広場，室内環境のクオリティー，バリアフリーデザインなど
企業市民	法規の遵守，持続可能性の開示と報告，社外取締役の任命，国連責任投資原則のような任意規約の採択，ステークホルダーとの関わりなど
社会的公正性とコミュニティ開発	低所得者向け住宅供給，コミュニティの雇用研修プログラム，公正な労働慣行など
地域市民としての活動	質の高いデザイン，近隣への影響の極小化，地域に配慮した建設プロセス，コミュニティ福祉，歴史的な場所の保護，不当な影響の排除など

7．ESG 要素を考慮した不動産投資のフレームワーク

UNEP FI の不動産 WG は 2017 年 1 月，SDGs の達成に向けた金融のフレームワークとして「ポジティブ・インパクト金融原則」を制定し，これに基づき 2018 年 11 月には不動産セクター向けに「ポジティブ・インパクト不動産投資フレームワーク」を公表した．このフレームワークは，不動産投資の意思決定において社会的なインパクトの計測を推奨しており，① インパクトの明確化，② 市場水準およびサステナブルなリターン，③ インパクトの測定，④ 追加的

なファイナンス／インパクトの創出，の4つの投資目標を設定している（表6-6）．

表6-6 ポジティブ・インパクト不動産投資フレームワークの4つの投資目標（UNEP FI, 2018）

①	インパクトの明確化 本インパクト投資の手法は達成を目指すインパクト，及びその結果を明確に規定し説明しているか？
②	市場水準かつサステナブルなリターン 持続可能な開発に確実に貢献する一方で，市場の規範と受託者の基準を満たしているか？
③	インパクトの測定 期待する結果と意図する効果を，事前・事後に計測するための明確で透明性のある方法論を持っているか？
④	追加的ファイナンス／インパクトの創出 組織が「従来通りのビジネス」や「従来通りのベスト・プラクティス」の範囲を超えて，それがなければ提供されなかったであろうインパクトと資金の流れを生み出したか？ サービスが十分に行き届いていない市場をカバーしているか？

図6-3 インパクト・レーダー（UNEP FI, 2018）

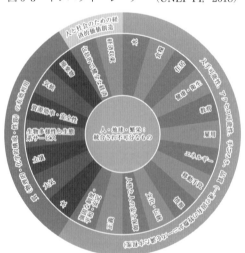

第6章　不動産投資とESG　171

またインパクトの特定を体系的に行うため，UNEP FIの不動産WGは
SDGsの17ゴールとの対応関係を整理して住居，エネルギー，気候変動など
の22のインパクトカテゴリーに組み替えたインパクト・レーダーを提示して
いる（図6-3）．

8．不動産ポジティブ・インパクト投資の事例

最も有名なポジティブ・インパクト投資の事例としてはHermes Investment
Management等が関与した英国ロンドンのキングス・クロス駅周辺の大規模再
開発のケースが挙げられる（表6-7）．この開発では駅周辺の工業跡地のサステ
ナビリティに配慮した複合施設への再開発が行われた．270,000平米超のエリ
アに50の建物，1,900の住宅系施設，10以上の公園・広場を含む欧州最大規
模の開発案件であり，歴史的建造物の保存と同時に施設内の建物は全て環境に
配慮された設計で太陽光発電施設も設置するなど環境への配慮も実現した．

表6-7　キングス・クロス駅周辺の大規模再開発の事例（国土交通省，2018，2019）

インパクト	概要
社会経済的便益	トレーニングセンターの建設により600の職業訓練を行えるようになり，450の全国職業資格（NVQ）の取得を達成し，5年間で周辺地域の雇用が50%増加した．
社会的便益	900の新設住宅のうち36%がアフォーダブルな住宅であり，若年層と社会人による1,000超のボランティアプログラム等により1,250万ポンドの社会的便益を創出した．また26エーカー（全敷地の40%）をオープンな公共スペースとして開放している．
環境的便益	施設内の15の建物でグリーンビル認証を取得しており，それらのうち9件はBREEAM（表6-8）から「Outstanding」又は「Excellent」の高評価を得ている．中央エネルギーセンターにより熱の99%を供給し，電力需要の79%オフセット化している．また9,000平米を超える屋上緑化，280本の植樹も実施している．

9．不動産や不動産企業・ファンド等の認証制度

　不動産や不動産企業・REIT 等への ESG 要素を考慮した投資判断において現在様々な評価制度が構築され，利用できるようになってきている（表6-8）．これまで主に省エネなどの環境性能の観点から建築物に対する認証制度が世界各国で開発されてきたが，このような認証制度は不動産企業が自ら ESG を考慮して不動産の開発・運用を行う際にも利用されるようになっている．個別不動産を対象とする代表的な認証制度としては，建築物の省エネルギー性能を対象とする米国発の ENERGY STAR や総合的な環境性能に関する米国発のLEED，日本発の CASBEE，DBJ Green Building 認証などが挙げられる．また不動産会社やファンドを対象とする認証制度としては，2009 年にオランダの年金運用機関 APG 等により国際的な評価基準として創設された GRESB（Global Real Estate Sustainability Benchmark）がある．このような不動産会社やファンドに対する認証は機関投資家が ESG 要素を考慮した投資を行う上で有用な情報になり得る．

　実際コロナ禍であるにもかかわらず GRESB は 2020 年度の「GRESB 不動産」の評価取得機関が，世界全体で 1229 社となり，前年から約 20% 増加したと発表した．1,229 社の内訳は不動産企業，REIT，プライベートエクイティ・ファンド，不動産デベロッパー等であり，対象の不動産価値総額は 4.8 兆米ドル（約 510 兆円）となり，前年の 4.1 兆米ドルから約 17% 伸長した．対象物件

表 6-8　不動産に係る環境認証・ESG 評価制度（国土交通省，2021）

対象	ESG 要素の総合的な評価		省エネ・GHG 等の環境面を評価	
	海外	日本	海外	日本
個別不動産	・LEED ・BREEAM ・NABERS	・CASBEE ・DBJ Green Building 認証	・ENERGY STAR ・EPC ・Green star	・BELS ・e マーク
不動産会社・ ファンド等	・GRESB		－	－

数は 64ヶ国で合計 9.6万件．REIT のカバー率は 61％まで増加したのと同様に
「GRESB インフラストラクチャー」への参加企業は，前年の 107社から今年は
118社となり 10％増え，施設数も前年の 393から今年は 426へと 8％増えた．
施設価値総額は 40ヶ国で 5,760億米ドルに上り，保有インフラ施設のうち 1つ
以上で GRESB 評価に参加したインフラ運用会社は，IPE 発表の世界トップ
100で 32％，インフラ投資額の大きいアセットオーナー世界上位 50では 38％
にまで到達した．GRESB は不動産やインフラの気候変動物理的リスクを評価
するための「GRESB レジリエンス」も過去 2年実施しており，今年も不動産
企業が 408，インフラ企業が 98，インフラファンドが 28の合計 534法人が参
加した．2021年からはレジリエンス項目は，他の評価指標の中に組み込まれ
ていくことが予定されている．

このように不動産投資において対象物件や企業・ファンド等の ESG 要素を
考慮する ESG 投資が急速に増えてきており，新しい時代に突入しつつあるこ
とが分かる．

10. おわりに

世界で ESG 投資が急速に拡大しており，「脱炭素」，「ダイバーシティ」，「イ
ンクルージョン」が今後の世界の大きな課題，トレンドの 1つになり得る．特
に欧米のミレニアル世代を中心にそのような価値観を支持する傾向が高まって
いるとの報告もある．

不動産は私たちの身近にある巨額の資産であり，社会と密接に関わっている
ため，より良い社会の実現に貢献し得る大きなポテンシャルを秘めている．不
動産投資に ESG 要素を取り込むことで不動産を有効活用できれば ESG 課題の
克服と同時に不動産投資家やオーナーにとっては不動産価値の向上を期待で
き，更に良い循環が生み出される可能性がある．

コロナ禍にあってもグローバルで RPI や ESG 不動産投資が増加しており，
今後益々その流れは加速，拡大していくことが予想される．但し，普及には未
だ様々な課題がある．それは評価・認証制度の目線の統一や過去実績の分析に

よる評価の裏付け・評価の質の担保，エネルギー・環境性能の評価に加えて社会的インパクトの評価軸の拡充，ポジティブ・インパクトの測定方法の改善等である．

これらの課題解決には産官学連携の取組みや学術界の研究によって貢献できる領域も多い．国土交通省や環境省などを中心に様々なイニシアティブが立ち上がっているが，ESG 要素を考慮して正の社会的インパクトを創出する新しい時代の不動産ファイナンスの発展に貢献する多種多様な人材の参画が期待されている．

参 考 文 献

公益社団法人日本不動産鑑定士協会連合会（2019）「ESG 不動産投資の不動産の鑑定評価への反映～オフィスビルの健康性・快適性，利便性，安全性の評価～」，令和元年 5 月　URL: https://www.fudousan-kanteishi.or.jp/wp/wp-content/uploads/2019/09/ESG_hyouka.pdf（2021 年 7 月 26 日閲覧）

国土交通省（2018）「不動産投資市場の現状について」，URL: https://www.mlit.go.jp/common/001242304.pdf（2021 年 7 月 26 日閲覧）

国土交通省（2019）「ESG 不動産投資のあり方検討会　中間とりまとめ　～我が国不動産への ESG 投資の促進に向けて～」，令和元年 7 月 3 日　URL: https://www.mlit.go.jp/common/001296850.pdf（2021 年 7 月 26 日閲覧）

国土交通省（2019）「ESG 不動産投資のあり方検討会「不動産投資における ESG，SDGs の動向―TCFD とポジティブ・インパクト投資―」」，2019 年 2 月 14 日　URL: https://www.mlit.go.jp/common/001274119.pdf（2021 年 7 月 26 日閲覧）

国土交通省（2021）「不動産鑑定評価における ESG 配慮に係る評価に関する検討業務報告書」，令和 3 年 3 月　URL: https://www.mlit.go.jp/totikensangyo/content/001404752.pdf（2021 年 7 月 26 日閲覧）

GPIF（2020）「年金積立金管理運用独立行政法人の投資原則」，令和 2 年 4 月 1 日一部変更　URL: https://www.gpif.go.jp/about/philosophy_03.pdf（2021 年 7 月 26 日閲覧）

GSIA（2023）"GLOBAL SUSTAINABLE INVESTMENT REVIEW 2022" URL: https://www.gsi-alliance.org/wp-content/uploads/2023/12/GSIA-Report-2022.pdf（2023 年 11 月 29 日閲覧）

UNEP FI（2008）"Responsible Property Investing – What the leaders are doing", July 2008 URL: https://www.unepfi.org/fileadmin/documents/responsible_property_

investing_01.pdf

UNEP FI（2018）「ポジティブ・インパクト不動産投資フレームワーク」，2018 年 11
月　URL: https://www.unepfi.org/wordpress/wp-content/uploads/2019/06/PI-Real-
Estate-Investment-Framework_Japanese.pdf（2021 年 7 月 26 日閲覧）

UNEP FI, Bentall Kennedy, REALPAC（2019）"Global ESG Real Estate Investment
Survey Results", March 2019 URL: https://www.unepfi.org/wordpress/wp-content/
uploads/2019/03/Global-ESG-Real-Estate-Investment-Survey-Results.pdf（2021 年 7
月 26 日閲覧）

第7章　金利指標のあり方を考える
──LIBOR の誕生から終焉──

高 橋 豊 治

1．はじめに

　2023 年 6 月末，LIBOR がその歴史を閉じた．2021 年末 ICE は日本円，ユーロ，英ポンド，スイスフランのすべてのテナーに関して，米ドルは 1 週間，2 か月のテナーに関して LIBOR の公表を恒久停止，米ドルの残るテナー（翌日，1 か月，3 か月，6 か月，12 か月）の LIBOR も 2023 年 6 月末に恒久的公表停止した．LIBOR は BBA LIBOR 公表から数えて 37 年半の歴史を閉じることになった．世界金融危機に伴って起こった銀行間無担保資金調達市場の消滅，また LIBOR 不正操作問題の顕在化，またこれらへの対応のなかで，様々な金融取引の基幹金利の役割を果たしてきた LIBOR が消滅した．それらのことを踏まえ，本章では，LIBOR の果たしてきた役割を中心にして，それを取り巻く様々な取引との関係を考えながら，「金利指標」が果たす役割を論じた．今日の金融活動は LIBOR を中心に様々な取引が複雑に絡み合っている．その中心となっていた LIBOR が消滅することがいかに大きな影響を及ぼすかを検討している．

2．LIBOR とは

　LIBOR とは，"London Interbank Offered Rate" の略で，ロンドン市場における銀行間の資金取引の平均的な水準を表す指標金利である．デリバティブ及び国際金融取引における（変動あるいは短期金利の）基準金利としてもっともよ

く利用されているものである．古くはファイナンシャル・タイムズ（Financial Times：FT）紙が公表していたものがあるが，いわゆる LIBOR として本格的なものは，1986 年 1 月から英国銀行協会（British Bankers Association：BBA）が公表をはじめ（BBA LIBOR），2014 年 2 月から 2024 年 6 月まではインターコンティネンタル取引所（Intercontinental Exchange, Inc.：ICE）が公表していた（ICE LIBOR）．2023 年末時点で最終的に公表されていた金利は，米ドル（USD），ユーロ（EUR），英ポンド（GBP），スイスフラン（CHF），日本円（JPY）の 5 種類の通貨，オーバーナイト（O/N），1 週間，1 か月，2 か月，3 か月，6 か月，12 か月の 7 種類の満期の 35 種類の金利であり，これらを毎日公表していた（表 7-1 を参照）．

表 7-1　円 LIBOR 金利 2015/7/3（金）発表

JPY フィキシング	ティッカー	当 バリュー	当 日付
1) SPOT NEXT	JY00S/N	0.02571	07/03/15
2) 1 WEEK	JY0001W	0.03071	07/03/15
3) 1 MONTH	JY0001M	0.05929	07/03/15
4) 2 MONTH	JY0002M	0.08714	07/03/15
5) 3 MONTH	JY0003M	0.10071	07/03/15
6) 6 MONTH	JY0006M	0.13943	07/03/15
7) 12 MONTH	JY0012M	0.24257	07/03/15

（出所）　Bloomberg

　ICE LIBOR は，LIBOR という金利の定義も金利の算出方法自体も，従前の BBA LIBOR から変更は行われていない[1]．LIBOR は，通貨毎に決められた 11 行から 18 行の金利報告銀行（"contributor banks" あるいは "panel banks"：パネル

第 7 章　金利指標のあり方を考える　179

行と呼ばれる）が「ロンドン時間午前 11 時の直前において，自行が通常の取引
規模でインターバンク資金取引により資金調達する場合に提示されると考えら
れる金利」を報告し[2]，これに基づいて ICE が決定している．具体的には，報
告銀行が報告した金利をその水準で並べ，報告された低い金利と高い金利をそ
れぞれ 1/4 ずつを対象から外し，残りの 1/2 の報告金利について（算術）平均
をとったものを LIBOR として発表する．例えば日本円であれば，13 行のパネ
ル行があるので，その報告金利のうち，高い方と低い方のそれぞれ 3 つを対象
から外し，残りの 7 行の報告金利の平均をとる形で発表されている．なお，直
接データの報告を受け，計算・公表の作業は，ICE から委託を受けているトム
ソン・ロイター社（Thomson Reuters）が行っていた．BBA LIBOR の時代には
当初テレレート社（Telerate）が（表 7-2 参照），その後ロイター社（Reuters）が
（表 7-3 参照）計算・公表の作業を担当していた．

　また表 7-3 に示されているように，BBA LIBOR は，最も多い時で，O/N，
1 週間，2 週間，1 か月から 1 か月刻みで 12 か月までの 15 種類の満期の金利
が公表されていた．

表 7-2　BBA LIBOR 金利 Telerate p. 3750
1995 年 10 月 13 日 11：58 GMT（10 月 13 日の Fixing）

13/10　　11:58 GMT　[BRITISH BANKERS ASSOC INTEREST SETTLEMENT RATES]　　PG 3750
RATES AS FIXED BY THE DJ TELERATE NEWSROOM (0171 8329522) ON BEHALF OF THE BBA
[PG 3745] FOR INDEX OF REFERENCE BANKS, RECAPS AND BBA DEFINITIONS
[RATES AT 11:00 LONDON TIME 13 / OCT / 95]　　　OTHER LIBORS-PG 3740

	[FIXED]	[FIXED]	[FIXED]	[FIXED]	[FIXED]	[FIXED]
CCY	USD	GBP	DEM	CHF	JPY	ECU
1MO	5.87500	6.81250	4.12109	2.18750	0.43750	5.69922
2MO	5.87500	6.81250	4.07031	2.25000	0.42188	5.69922
3MO	5.93750	6.86719	4.06641	2.29688	0.40625	5.70313
4MO	5.91406	6.87500	4.06641	2.31250	0.40625	5.69922
5MO	5.89063	6.87500	4.06641	2.31250	0.40625	5.69922
6MO	5.88672	6.89844	4.06641	2.31250	0.42188	5.70313
7MO	5.88281	6.90625	4.06641	2.31250	0.43750	5.69922
8MO	5.88281	6.92969	4.07031	2.37500	0.43750	5.69922
9MO	5.87500	6.93750	4.07031	2.37500	0.45313	5.69922
10MO	5.87500	6.93750	4.07422	2.37500	0.46875	5.69922
11MO	5.87500	6.93750	4.07422	2.37500	0.48438	5.69922
12MO	5.87500	6.94531	4.07422	2.37500	0.48438	5.69922

表 7-3　BBA LIBOR 金利 Reuters LIBOR01

Telerate p. 3750 継承ページ 2009 年 1 月 14 日 12：09GMT（1 月 14 日の Fixing）

```
01/14    12:09 GMT   [REUTERS]   [BBA LIBOR RATES] Telerate Successor Page    3750
[14/01/09]       RATES AT 11:00 LONDON TIME 14/01/2009      Equivalent to LIBOR01
| CCY  |   USD    |    GBP    |    CAD    |    EUR    |    JPY    |  EUR 365  |
|  O/N | 0.10500  |  1.50000  |  1.50000  |  2.05875  |SNO.24750  |  2.08734  |
|  1WK | 0.23250  |  1.58375  |  1.50000  |  2.11000  |  0.32875  |  2.13931  |
|  2WK | 0.26500  |  1.64750  |  1.50000  |  2.15163  |  0.37750  |  2.18151  |
|  1MO | 0.32875  |  1.69125  |  1.50000  |  2.26438  |  0.50000  |  2.29583  |
|  2MO | 0.84000  |  2.08875  |  1.56667  |  2.45000  |  0.63375  |  2.48403  |
|  3MO | 1.08250  |  2.27625  |  1.65833  |  2.56125  |  0.74875  |  2.59682  |
|  4MO | 1.22750  |  2.34750  |  1.74167  |  2.58875  |  0.80625  |  2.62470  |
|  5MO | 1.34625  |  2.41250  |  1.82500  |  2.60875  |  0.83875  |  2.64498  |
|  6MO | 1.47125  |  2.47250  |  1.90333  |  2.62738  |  0.88563  |  2.66387  |
|  7MO | 1.52875  |  2.50375  |  1.94667  |  2.64113  |  0.90875  |  2.67781  |
|  8MO | 1.58063  |  2.53875  |  1.97333  |  2.65713  |  0.93375  |  2.69403  |
|  9MO | 1.63375  |  2.57000  |  2.01667  |  2.66625  |  0.95625  |  2.70328  |
| 10MO | 1.67750  |  2.58250  |  2.06000  |  2.67713  |  0.98500  |  2.71431  |
| 11MO | 1.71250  |  2.59563  |  2.10500  |  2.68663  |  1.01125  |  2.72394  |
| 12MO | 1.74625  |  2.60500  |  2.14833  |  2.69625  |  1.03625  |  2.73370  |
```

　以上のルールによれば，LIBOR とは，その名のとおり "Offered Rate" であり[3]，「仮想調達金利」であるものの，報告銀行の「信用力」を反映した金利（のはず）である．

　ところで，LIBOR を考えるうえで重要なポイントのひとつが，その日本語にある．現在 LIBOR の日本語としては「銀行間取引金利」という呼称が用いられることが多い．例えば，全国銀行協会のウェブサイトには，以下の説明がある[4]．

　　「LIBOR（ライボー）とは，「London Interbank Offered Rate」の略称で，ロンドン市場での金融取引における銀行間取引金利のことです．主要な 5 通貨（米ドル・英ポンド・スイスフラン・ユーロ・日本円）について公表され，様々な金融取引における参照指標として利用されてきました．このうち日本円通貨の LIBOR は「円 LIBOR」と呼びます．なお，LIBOR と同様の銀行間取引の金利指標としては，東京市場での銀行間取引金利である TIBOR（タイボー．Tokyo Interbank Offered Rate）や，欧州市場での銀行間

取引金利である EURIBOR（ユリボー．Euro Interbank Offered Rate）などが
あり，これらを総称して「IBORs」（アイボーズ）と呼びます．」

　しかし，前述の FT LIBOR についての日本経済新聞の報道においては，「銀
行間出し手金利」という呼称が用いられていた．これは LIBOR が"Offered
Rate"であることから Offered Rate の本来の意味からするとごく自然な用語
法であろう．同様に，東京金融取引所のウェブサイトにおいても，

　　「LIBOR（London Interbank Offered Rate）：ロンドン市場での指標金利で，
　　銀行間の出し手レート（貸し出しレート）．英国銀行協会が，英国時間の午
　　前 11 時の時点で算定し公表している．」

という記載がなされている[5]．

　これに関して，新聞報道でどのような用語が使われてきたかを日経テレコン
の記事検索を利用して確認してみよう．前述の FT LIBOR の記事が掲載され
た 1980 年以降に関して，「LIBOR」ならびに「銀行間出し手」「銀行間取引」
という 3 種類の用語について検索した結果が図 7-1 である．「LIBOR」および
「銀行間取引」の掲載件数の方が圧倒的に多いので，軸を分けて「LIBOR」お
よび「銀行間取引」の掲載件数が左目盛，「銀行間出し手」の掲載件数が右目
盛りで示されている．この図を見ると LIBOR の掲載件数は大きな波があるも
のの一定数あったが，"Interbank Offered"本来の意味である「銀行間出し
手」という用語は 1987 年の 30 件をピークに使われなくなっており，「銀行間
出し手」は 1997 年の 1 件を最後にヒットすることなかった．これ以降も
「LIBOR」という用語は掲載されているが，その説明には「銀行間取引」とい
う用語が使われている．貸し手の提示する金利という本来の意味からすると気
になる用語法ではあるが，様々な取引で利用される参照金利，あるいは基準金
利としての役割の増大を反映しているのかもしれない．

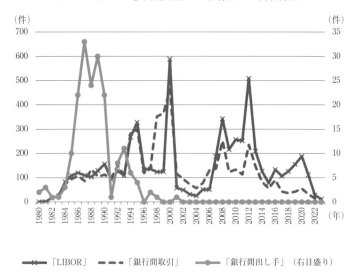

図 7-1 「LIBOR」関連用語の日経各紙への掲載件数

3．LIBOR の誕生

　LIBOR の始まりは，1969 年 8 月の変動金利連動シンジケート・ローンの誕生といわれている．ミノス・ゾンバナキス（Minos Zombanakis）のマニュファクチャラーズ・ハノーバー（Manufacturers Hanover）のロンドン支店を中心とする銀行団が[6]，イランの国王に 8,000 万ドルの変動金利融資を行うために参照レートを必要としたのである[7]．融資の規模がマニュファクチャラーズ・ハノーバー 1 行で扱うには大きかったことから，マニュファクチャラーズ・ハノーバーを幹事とする銀行団によるシンジケート・ローン（国際協調融資）という形態を採用した．幹事となる銀行が国や企業などへの融資を決め，その融資に参加する銀行を募る方式である．さらに，当時のインフレ懸念から金利上昇が危惧されていたため，金利上昇に備え一定頻度で市場実勢に応じた金利を適用する「変動金利」方式が考えられた．「変動金利」での融資では，市場実勢に応じた金利を適用するため，あらかじめ金利を決めておくことはできないので，代わりに金利改定の際に金利を決定する方法をとることとした．この時

採用されたのが,「幹事行が参加行から調達金利を聞き取り,それを平均し,利ざやを上乗せして貸出金利を決める方式」であった[8]. このシンジケート・ローンのための金利決定方式こそが,LIBOR の原型である.

こうして誕生した LIBOR（の原型）は,その後 1970 年代の国際金融市場でのシンジケート・ローン,さらには変動金利 LIBOR を指標とする債券である変動利付債において利用が拡大していく. そうしたなか,FT 紙が 1980 年 6 月 3 日より同紙の独自の LIBOR 値決めレートの掲載を開始した. ロンドンに店舗を持つバークレイズ,ナットウエストなど主要 5 行の午前 11 時現在のそれぞれの値決めレートをもとに,3 か月と 6 か月物について出し手レートと取り手レートの平均値を計算し翌日の紙面に掲載するというものであった[9]. シンジケート・ローンの参加銀行の提示金利の平均をもとにした変動貸出金利から,「指標」への転換である.

1981 年にはシカゴ商品取引所（Chicago Mercantile Exchange：CME）がユーロドル金利先物取引を上場する. 将来の取引期間の金利を現時点で約定する取引である. 取引所での取引は,限月制度を採用しており,のちに複数の限月の先物取引を組み合わせて IMM ロールの金利スワップと呼ばれる先物金利と固定金利の交換取引も生まれることになる.

1982 年には金利スワップ取引第 1 号と呼ばれているメリルリンチとクレディスイス・ファーストボストンによりアレンジされたドイツ銀行ルクセンブルクの取引が行われた[10]. 固定金利の利払と変動金利の利払の交換取引である. その後 1984 年には LIBOR を活用する金利先渡契約（Forward Rate Agreement：FRA）が誕生する. これらの変動金利にかかわる取引に LIBOR が活用されていた. 1984 年 12 月 BBA が BBA LIBOR の前身となる Interest Settlement Rate の算出を開始する. これを受け 1985 年国際スワップ・デリバティブ協会（International Swaps and Derivatives Association：ISDA） が Swaps Code（USD LIBOR 参照スワップ契約書のひな型）を刊行した. その後 1986 年 1 月に BBA がいわゆる BBA LIBOR と呼ばれる主要銀行からのヒアリングに基づく指標の公表を開始する. BBA LIBOR が公表されるに伴い,この指標が金利先物・先

渡，金利スワップなど多くの取引の基準金利として採用されることになった．典型的には，1987年CMEがユーロドル金利先物の参照金利（reference rate）をBBA LIBORに変更したことに反映されている．

　ここまでの流れでわかるように，LIBORはシンジケート・ローンの変動金利としての指標にとどまらず，ユーロドル金利先物や，FRA，金利スワップなどの取引における指標金利としても重要な役割を担っていた．

　実際LIBORは，ISDAやローン・マーケット協会（Loan Market Association：LMA），ローン・シンジケーション・トレーディング協会（Loan Syndication and Trading Association：LSTA）などで，銀行間の取引だけでなく住宅ローンや学生ローンなどの取引も含め，多くの取引契約のひな型に採用されている．

4．LIBORを参照する基準金利

⑴　金利先物・先渡取引

　金利の先物・先渡取引はいずれも将来の取引期間の金利を現時点で約定する取引である．先物取引の代表例は，前述したCMEのユーロドル金利先物取引であり，先渡取引の代表例はFRA取引である．

　CMEがユーロドル金利先物を上場したのが1981年，FRA取引が始まったのが1984年であったのに対し，日本では金融先物取引法が施工され東京金融先物取引所（Tokyo International Financial Futures Exchange：TIFFE）が設立され，日本円短期金利先物取引が始まるのは，CMEに8年遅れての1989年になってからであった（ユーロ円LIBOR 3か月金利先物が上場されるのは，さらに10年遅れて1999年3月になってからであった．）．日本においては，かねて刑法上の賭博罪（刑法第185条，第186条）に該当する可能性があるのではないかという問題が指摘され，市場関係者をして取引への参加を躊躇させる要因となっていた[11]．先物取引は金融先物取引法に基づいて開設された金融先物取引所の取引であったが，FRAについては，差金決済であることから，賭博罪への懸念に加えて証券取引法第201条の構成要件に該当するのではないかという懸念も持たれていた[12]．

表 7-4　TIFFE ユーロ円金利先物 Telerate p. 9945

```
25/11    9:24 GMT  [TOKYO INTERNATIONAL FINANCIAL FUTURES EXCHANGE ] PAGE 9945
[ NOV 26    18:00 JST ]     [ EURO YEN 3-MONTH ]    [ SETTLE=CLEARING PRICE ]
MONTH| LAST |  ASK |  BID | OPEN | HIGH |  LOW |SETTLE| P. CLS| VOLUME | OPEN INT
     |======|======|======|======|======|======|11/25 |=======|========|[NOV 25]
DEC97| 9942 | 9942 | 9941 | 9944 | 9945 | 9942 | 9945 | 9945  |  7099  | 631284
MAR98| 9948 | 9949 | 9948 | 9950 | 9950 | 9948 | 9950 | 9950  |  3071  | 450798
JUN98| 9947 | 9948 | 9947 | 9948 | 9948 | 9947 | 9948 | 9948  |  2863  | 295909
SEP98| 9943 | 9943 | 9942 | 9944 | 9944 | 9943 | 9946 | 9947  |  3726  | 180209
DEC98| 9934 | 9935 | 9934 | 9935 | 9936 | 9934 | 9935 | 9935  |  5588  | 253219
MAR99| 9924 | 9924 | 9923 | 9926 | 9926 | 9924 | 9925 | 9925  |   302  |  58278
JUN99|      | 9911 | 9907 |      |      |      | 9910 | 9910  |        |  20544
SEP99|      | 9896 |      |      |      |      | 9895 |       |        |  28026
DEC99|      |      |      |      |      |      | 9878 |       |        |    850
MAR00|      |      |      |      |      |      | 9864 |       |        |    150
JUN00|      |      |      |      |      |      | 9844 | 9844  |        |    300
SEP00|      |      |      |      |      |      |      |       |        |

[PG 9768-9=DAY,NIGHTTIME TRADING / PG 34442=HISTORICAL SHEETS / *=CORRECTION ]
```

　ユーロドル金利先物取引は，先物取引所に上場されているが故に，その契約は定型化され限月別に取り引きされ，CME のユーロドル先物は最長 10 年先のレートまで上場され取引されていた．表 7-4 は 1997 年 11 月 16 日 9：24GMT 時点の TIFFE ユーロ円金利先物（Telerate p. 9945）の情報を示している．TIFFE に上場されていた日本円短期金利先物は当初は 8 限月 2 年先（その後 1994 年に 12 限月まで拡大されたが，それでも 3 年先）のレートまでしかなかった．しかも TIFFE では，手前 3〜6 限月位までしか実用上の流動性がなく，せいぜい 1.5 年のスワップがヘッジできればいいほうだった．ユーロ金利先物取引は，FRA と違い，建値が金利をベースとするのではなく，「IMM 指数」方式と呼ばれる指数化した建値で行われていた．例えば，先物金利が 4.50％だとすると，100 から 4.50 を引いた 95.50 が先物の建値である．CME のユーロドル金利先物の決済は，「100 − 3 か月物 BBA LIBOR」を清算値とし差金決済を行うものであった[13]．また，金利先物取引が上場している商品であることは，クレジットリスクに関しても，FRA とは大きく異なる点である．FRA の場合は，他の銀行と直接の相対取引だが，金利先物取引の場合は先物取引所との契約であり，取引所が潰れない限り，デフォルト・リスクはない．

（2）　TSR

　TSR は東京スワップ・レファレンス・レート（Tokyo Swap Reference Rate）の

略称で，平成4年（1992年）10月に創設された東京市場での金利スワップ取引の参照金利である．この頃，東京市場における円スワップ取引の拡大に伴い，円スワップの実勢金利水準の重要性が増していた．当時，金利スワップのレートは各ブローカーや金融機関がまちまちに公表しており，東京市場の金利スワップの取引実勢を示すような金利は存在していなかった．そこで，シグマベイスキャピタル社は，共同通信社と大手主要銀行の協力の下，スワップ金利に代わる実勢金利水準を公表し，スワップ市場の透明性を確保し，基準となる金利を公表することを狙いとして，あらたな制度創設の提案を行った[14]．これがTSRであり，毎日，Telerate 17143ページに公表されることになった（表7-5）[15]．TSRは，パネル行あるいは報告銀行と呼ばれる主要金融機関が提供するスワップレートの仲値（Mid Rate；Offer-Bidの平均値）に基づいて計算・公表されていた．パネル行は，6か月物LIBORを参照する変動金利（利息支払い）と交換する半年毎の固定金利利息支払のスワップ・レートを半年複利で表示したものを報告し，ベンダー（当初は共同通信社）は，LIBORに倣って，上下の金利を外した平均値を計算し，Telerateの17143ページに東京時間の午前11時と午後3時の2回公表していた．1年後には，米ドルスワップ・レートのTSRも追加公表されることになった（米ドルTSRは17144ページ．表7-7，表7-8を参照）．

その後，表7-5は，1995年10月13日 11：57 GMT時点のTokyo Swap Reference Rate（円TSR）を公表したTelerate p. 17143である．（1995年10月13日 15：00のFixing）この表を見るとわかるように，円TSRの場合，17のパネル行が2年，3年，4年，5年，7年，10年のテナーについて変動金利として6か月物円LIBORを参照する金利スワップのレートを提示し，共同通信社が集計・平均を計算して公表していた[16]．

その後，表7-6，表7-7にあるように，より多くのテナーの指標金利を求める声に後押しされ，提示されるテナーも徐々に拡大し，1997年11月15日時点（表7-6）では1年，18か月，2年から1年刻みで10年まで，12年，15年の13種類について，2009年1月14日時点（表7-7）では1年，18か月，2年から1年刻みで10年まで，12年，15年，20年，25年，30年，35年，40年

第 7 章　金利指標のあり方を考える　187

表 7-5　Tokyo Swap Reference Rate（円 TSR）Telerate p. 17143

```
13 / 10    11:57 GMT    [ TOKYO YEN/YEN IRS MID-RATE ]          PAGE 17143
[ OCT 13 '95 15:00 JST ]     (S.A. ACT/365)     [ KYODO NEWS SERVICE ]
```

TERM	IBJ	LTCB	NCB	BOT	DKB	FUJI	MTBISHI	SAKURA	SANWA
2YR	0.85	0.85	0.85	0.82	0.85	0.85	0.84	0.83	0.85
3YR	1.32	1.32	1.32	1.30	1.32	1.32	1.31	1.31	1.32
4YR	1.79	1.79	1.79	1.77	1.79	1.79	1.78	2.79	1.79
5YR	2.19	2.19	2.19	2.17	2.19	2.19	2.18	2.19	2.19
7YR	2.79	2.80	2.79	2.76	2.80	2.80	2.78	2.78	2.80
10YR	3.12	3.13	3.13	3.11	3.13	3.13	3.12	3.12	3.13

TERM	SMITOMO	TOKAI	BANKERS	BARCLYS	CITI	DEUTSCH	JP MRGN	PARIBAS	[T.S.R]
2YR	0.85	0.85	0.83	0.83	0.84	0.85	0.83	0.84	0.843
3YR	1.32	1.32	1.32	1.32	1.31	1.32	1.30	1.31	1.317
4YR	1.79	1.79	1.79	1.79	1.78	1.79	1.77	1.79	1.788
5YR	2.19	2.19	2.18	2.19	2.18	2.19	2.17	2.18	2.187
7YR	2.78	2.80	2.77	2.78	2.78	2.80	2.77	2.78	2.787
10YR	3.13	3.12	3.12	3.13	3.11	3.13	3.11	3.12	3.124

```
[ NOTE ]   T. S. R.   DEFINITION :  PG  17145          < PLS  SEE PG  17147  FOR  RECAPS >
```

表 7-6　Tokyo Swap Reference Rate（円 T.S.R.）金利スワップレート Telerate p. 17143
1997 年 11 月 15 日 9：21GMT（11 月 25 日の Fixing）

```
25/11    9:21 GMT    [TOKYO SWAP REFERENCE RATE (T.S.R.)]        PAGE 17143
[JPY/JPY]  [25-NOV-1997]                                         [KYODO NEWS]
(ACT/365 SA)         **** RATES FIXED BY KYODO NEWS ****
[TR] [10:00] [15:00] [ HISTORICAL DATA   ** MORE AVAILABLE ON 17147-48 ** ]
 1YR   0.479  0.479 DATE  TM  1YR   18M   2YR   3YR   4YR   5YR   6YR
18MO   0.538  0.517 11/21 15  0.500 0.573 0.670 0.927 1.195 1.447 1.674
 2YR   0.636  0.603 11/20 15  0.509 0.579 0.680 0.939 1.204 1.462 1.689
 3YR   0.897  0.862 11/20 15  0.488 0.558 0.659 0.919 1.188 1.448 1.673
 4YR   1.172  1.133 DATE  TM  7YR   8YR   9YR   10YR  12YR  15YR
 5YR   1.436  1.387 11/21 15  1.870 2.030 2.162 2.273 2.453 2.654
 6YR   1.667  1.611 11/20 15  1.888 2.051 2.179 2.288 2.468 2.667
 7YR   1.868  1.803 11/20 15  1.868 2.028 2.159 2.270 2.449 2.645
 8YR   2.038  1.964 [FOR MARKET MAKER RATES  SEE 41615-22              ]
 9YR   2.168  2.097 ABN AMRO,BANKERS,BARCLAYS,BTM,CHASE,DAIWA SEC,DEUTSCHE
10YR   2.283  2.209 DKB,DRESDNER,FUJI,GOLDMAN,IBJ,JP MORGAN,LTCB,MERRILL
12YR   2.463  2.391 NIKKO,NOMURA,NOCHU,PARIBAS,SAKURA,SANWA,SBC,SOGEN
15YR   2.662  2.594 SUMITOMO,TOKAI,UBS,WESTLB            [ARRANGED BY ABBR.]
[17140]-DIRECTORY [17144]-USD T.S.R.  [17145]-DEM T.S.R.  [17146]-JPY T.I.O.R.
```

の 18 種類のテナーについて 6 か月 LIBOR を参照する金利スワップの指標金利が公表されるようになった.

　TSR は，金利スワップ取引の基準金利としての活用はもちろんであるが，長期金利の基準金利として PFI 事業などの幅広い分野で利用されてきた. ほんの一例だが，典型的なものとして「東京大学 PFI 事業（本郷）クリニカルリサーチセンター施設整備事業」での活用を挙げておこう. 同整備事業では，資料 7-1 のような形で「施設整備事業提案書類の提出時に用いる基準金利」とし

て TSR が利用されていた[17].

表7-7　Tokyo Swap Reference Rate（円 T.S.R.）
Reuters Telerate p. 17144 継承ページ（2009 年 1 月 14 日の Fixing）

```
        TOKYO SWAP REFERENCE RATE (T.S.R.) TELERATE PAGE        17143
|[TR]|[10:00]|[15:00]|[14-JAN-2009] (TSR JPY ADDED IN THE ISDA DEFINITIONS) |
| 1YR| 0.760| 0.762|[JPY/JPY](ACT/365 SA) **** RATES FIXED BY REUTERS **** |
|18MO| 0.717| 0.717|[ HISTORICAL DATA  ** MORE AVAILABLE ON 17147-48 **    ]|
| 2YR| 0.723| 0.720|DATE |TM| 1YR | 18M | 2YR | 3YR | 4YR | 5YR | 6YR |
| 3YR| 0.783| 0.779|01/13|15| 0.764| 0.714| 0.716| 0.770| 0.840| 0.909| 0.977|
| 4YR| 0.856| 0.851|01/13|10| 0.762| 0.711| 0.713| 0.766| 0.841| 0.916| 0.987|
| 5YR| 0.926| 0.920|01/09|15| 0.780| 0.736| 0.740| 0.807| 0.889| 0.968| 1.043|
| 6YR| 0.992| 0.988|DATE |TM| 7YR | 8YR | 9YR | 10YR| 12YR| 15YR| 20YR|
| 7YR| 1.057| 1.054|01/13|15| 1.044| 1.116| 1.187| 1.252| 1.362| 1.493| 1.657|
| 8YR| 1.127| 1.126|01/13|10| 1.055| 1.128| 1.198| 1.262| 1.372| 1.507| 1.674|
| 9YR| 1.195| 1.197|01/09|15| 1.114| 1.188| 1.260| 1.327| 1.439| 1.576| 1.749|
|10YR| 1.259| 1.262|DATE |TM| 25YR| 30YR| 35YR| 40YR|PLS REFER TO        |
|12YR| 1.366| 1.371|01/13|15| 1.727| 1.725| 1.728| 1.733|<17140> DIRECTORY   |
|15YR| 1.497| 1.504|01/13|10| 1.746| 1.747| 1.749| 1.754|<JPYTSRA=> FOR 10:00|
|20YR| 1.658| 1.668|01/09|15| 1.824| 1.829| 1.832| 1.837|<JPYTSRP=> FOR 15:00|
|25YR| 1.725| 1.737|[ MARKET MAKERS ]                                      |
|30YR| 1.723| 1.736|AOZORA, BOA, BARCLAYS, BTMU, DAIWA SMBC, DEUTSCHE, DRESDNER, |
|35YR| 1.725| 1.739|GOLDMAN, JPMORGAN, MERRILL, MHCB, MORGAN STANLEY, NIKKO CITI, |
|40YR| 1.727| 1.742|NOMURA, PARIBAS, SUMITOMO TRUST, SMBC, UBS             |
|=====================================================================|
```

表7-8　Tokyo Swap Reference Rate (T.S.R.) 米ドル金利スワップレート Telerate p. 17144
1997 年 11 月 15 日 9 : 21GMT（11 月 25 日の Fixing）

```
25/11    9:21 GMT    [TOKYO SWAP REFERENCE RATE(T.S.R.)]      PAGE 17144
[USD/USD] [25-NOV-1997]                                      [KYODO NEWS]
(ACT/360 A)        **** RATES FIXED BY KYODO NEWS ****
[TR]|[10:00]|[15:00]|[ HISTORICAL DATA  ** MORE AVAILABLE ON 41610 **    ]
1YR|  5.989|  5.993|DATE |TM| 1YR | 2YR | 3YR | 4YR | 5YR | 7YR |10YR
2YR|  6.064|  6.065|11/21|15| 6.015| 6.112| 6.166| 6.201| 6.227| 6.278| 6.337
3YR|  6.130|  6.138|11/21|10| 6.018| 6.111| 6.165| 6.200| 6.226| 6.277| 6.328
4YR|  6.168|  6.175|11/20|15| 6.004| 6.087| 6.140| 6.182| 6.210| 6.260| 6.316
5YR|  6.190|  6.199|11/20|10| 6.003| 6.085| 6.138| 6.174| 6.216| 6.268| 6.323
7YR|  6.255|  6.259|11/19|15| 6.006| 6.080| 6.149| 6.186| 6.222| 6.272| 6.331
10YR| 6.324|  6.324|11/19|10| 6.009| 6.099| 6.151| 6.191| 6.236| 6.283| 6.348
[ FOR MARKET MAKER RATES, SEE 41623-25                                ]
ABN AMRO, BANKERS, BARCLAYS, BTM, CHASE, CITI, DEUTSCHE
DKB, FUJI, GOLDMAN, IBJ, JP MORGAN, LTCB, MERRILL
PARIBAS, SAKURA, SANWA, SBC, SOGEN
SUMITOMO, TOKAI
                                              ARRANGED BY ABBR.
[17140]-DIRECTORY [17143]-JPY T.S.R.  [17145]-DEM T.S.R.  [17146]-JPY T.I.O.R.
```

第 7 章　金利指標のあり方を考える　189

表 7-9　Tokyo Swap Reference Rate（T.S.R.）米ドル金利スワップレート

Reuters Telerate p. 17144 継承ページ（2009 年 1 月 14 日の Fixing）

```
                 TOKYO SWAP REFERENCE RATE (T.S.R.)                17144
|[USD/USD] [14-JAN-2009]                                                   |
|(ACT/360 A)     **** RATES FIXED BY REUTERS ****                          |
|[TR]|[10:00]|[15:00]|[ HISTORICAL DATA  ** MORE AVAILABLE ON 41610 **    ]|
| 1YR|  0.960|  0.977|DATE |TM| 1YR | 2YR | 3YR | 4YR | 5YR | 7YR | 10YR|
| 2YR|  1.275|  1.290|01/13|15| 0.957| 1.257| 1.597| 1.820| 1.964| 2.215| 2.440|
| 3YR|  1.609|  1.625|01/13|10| 0.949| 1.247| 1.583| 1.811| 1.951| 2.200| 2.429|
| 4YR|  1.824|  1.847|01/09|15| 1.114| 1.370| 1.690| 1.912| 2.071| 2.334| 2.560|
| 5YR|  1.992|  2.005|01/09|10| 1.122| 1.378| 1.697| 1.915| 2.071| 2.340| 2.571|
| 7YR|  2.231|  2.249|DATE |TM| 15YR| 20YR| 30YR|                          |
|10YR|  2.445|  2.463|01/13|15| 2.708| 2.753| 2.747|                       |
|15YR|  2.709|  2.739|01/13|10| 2.697| 2.744| 2.735|                       |
|20YR|  2.761|  2.783|01/09|15| 2.826| 2.865| 2.871|                       |
|30YR|  2.757|  2.778|01/09|10| 2.839| 2.873| 2.870|                       |
|                                                                          |
|[ MARKET MAKERS ]                                                         |
|BARCLAYS, BTMU, DEUTSCHE, GOLDMAN, MERRILL, MHCB, PARIBAS, SMBC, UBS       |
|==========================================================================|
```

資料 7-1　PFI での円 TSR 参照例

東京大学（本郷）クリニカルリサーチセンター施設整備事業

提案書類の提出時に用いる基準金利について

平成 2 4 年 5 月 2 3 日
東京大学本部施設企画課

東京大学（本郷）クリニカルリサーチセンター施設整備事業に係る入札額の算定について、「入札説明書　別紙　2(2)1)②金利の設定」に示す支払いは、下記の基準金利を用いて算出してください。

基準金利(12年もの) 1.039 %
基準金利(15年もの) 1.266 %

基準金利(12年もの)
　平成 2 4 年 5 月 2 1 日の午前10時における TOKYO SWAP REFERENCE RATE としてテレレート 17143 ページに掲示されている 6 か月 LIBOR ベース 12 年物(円／円)金利スワップレート

基準金利(15年もの)
　平成 2 4 年 5 月 2 1 日の午前10時における TOKYO SWAP REFERENCE RATE としてテレレート 17143 ページに掲示されている 6 か月 LIBOR ベース 15 年物(円／円)金利スワップレート

5．LIBOR の終焉

前述のとおり，表7-2 は BBA LIBOR 金利 Telerate p. 3750 1997 年 11 月 16 日 0：08GMT（11 月 25 日の Fixing）USD，GBP，DEM（ドイツマルク），CHF，JPY，ECU（エキュー）の 6 種類の通貨の LIBOR についての 1 か月から 1 か月刻みで 12 か月までのテナーに対する Fixing である．

表7-3 は 2009 年 1 月 14 日 12：09GMT での Reuters の LIBOR01 に関する情報を Telerate p. 3750 継承ページ で示している．USD，GBP，CAD（カナダドル），EUR，JPY の 5 種類の通貨の LIBOR についての O/N，1 週間，2 週間，1 か月から 1 か月刻みで 12 か月までのテナーに対する Fixing である．

これらの表をみてわかるように，LIBOR は対象とする通貨ならびに期間を拡大していた．しかしながら，世界金融危機を契機に状況は一変する．2007-2008 年世界金融危機の発生の際には，銀行間無担保資金調達市場が消滅した．さらに，2011 年 12 月には金融庁が金利指標操作の試みで UBS 証券，シティ証券に一部業務停止命令を出すなど LIBOR を取り巻く様々な不正が明るみになってきた．2012 年になっても LIBOR 不正操作問題は顕在化してくる．2012 年 6 月には，バークレイズが LIBOR 不正で当局と和解・制裁金を受ける．12 月には UBS が LIBOR 不正で制裁金を支払った．こうした状況を受け，9 月には英で LIBOR 改革の「ウイートリー報告」が公表され，LIBOR の対象通貨，期間の削減を行うこととなった．こうした事態を受け LIBOR は BBA に代わり 2014 年 2 月からは ICE が発表・運営を行うこととなった．

上述した LIBOR をめぐる不祥事の発覚以後，LIBOR に関しては算出方法や運営監督方法等について種々の改革の必要性が公に認識され，実際に，前述した発表機関の変更や，金利種類の削減，監督機関の設置（ICE 内に，IBA と呼ばれる有識者等からなる LIBOR の算出プロセスの監視，監督等を行う機関が設置されている）などの変革が行われている．

結局のところ，中央銀行や監督当局の姿勢に加え，銀行間市場の取引の減少もあり，LIBOR は復活することはなかった．2023 年 6 月 USD LIBOR の恒久

第 7 章　金利指標のあり方を考える　191

的公表停止をもって LIBOR は終焉を迎えた.

　LIBOR は非常に多くの取引の参照金利, 基準金利として利用されているため, LIBOR の公表停止への対応が不可欠であり, 非常に重要である. それぞれの通貨についてリスクフリーレート (Risk Free Rate：RFR) と呼ばれる「新たな」金利指標が各国の中央銀行を中心に創設された. JPY については Tokyo Overnight Average Rate (TONA), USD については Secured Overnight Financing Rate (SOFR), GBP については Sterling Overnight Index Average (SONIA) がそれである.

　いずれもオーバーナイト金利なので, LIBOR と同様のターム物として利用するには当該期間のオーバーナイト金利を集計する必要がある. RFR 複利は, 契約の初日から a 日後に支払われる場合, a 日後に以下のとおり計算する (a 日後に RFR が公表された時点で, 変動金利の支払額が確定する後決め方式である).

$$\left\{ \prod_{i=1}^{M} (1 + O_i \delta_i) - 1 \right\} \times \frac{365}{a}$$

　M：金利計算期間における銀行営業日の日数 (片端入)

　i：金利計算期間における何番目の銀行営業日であるかを示す

　O_i：i 番目の銀行営業日付の RFR

　δ_i：O_i が適用される期間の実日数 (カレンダー上の日数) /365 日

　金曜日の O_i に対しては, 土日を含める形で $\delta_i = 3$ (月曜日が祝日でない場合)

　a：金利計算期間の実日数 (年利換算のため. 片端入)

　円の場合は TONA 複利と呼ばれているが, その集計方式からわかるとおり, 複利計算の「後決め方式」の金利である. したがって, 「先決め方式」の金利であった LIBOR をそのまま代替することはできない[18]. もうひとつの対応としては, RFR を参照金利とする金利スワップ (Overnight Index Swap：OIS) を基準とするものが考えられる. これらは「ターム物リスクフリーレート」と呼ば

れており，JPY の場合には Tokyo Term Risk Free Rate（TORF）という名がつけられている．

代替金利指標は国際的な調整がなされ，スワップ等での LIBOR の代替金利指標としては，ISDA マスターに準拠し O/N RFR 複利を利用することが決まっている（円 LIBOR については TONA 複利）．これらの調整も容易ではないが，さらに難しいのは，貸出や債券に直接・間接に活用されている LIBOR への対応である．東京短資 のウェブサイトによれば[19]，

　　……「貸出」及び「債券」における円 LIBOR の代替金利指標については各国の裁量に任せられ，国内では 2018 年 8 月に日本銀行を事務局とする「日本円金利指標に関する検討委員会」（以下，検討委員会）が設立されました．2020 年 11 月に公表された第 2 回市中協議の取りまとめ報告書（以下，第 2 回取りまとめ 2）の中で，「貸出」及び「債券」における円 LIBOR の代替金利指標として，第 1 順位に「ターム物 RFR（= TORF）」，第 2 順位に「O/N RFR 複利（後決め）（= TONA 複利）」が推奨されました．TIBOR については，代替金利指標の候補には上がったものの，第 2 回取りまとめでの推奨は見送られました．

　　「貸出」及び「債券」における円 LIBOR 代替金利指標の第 1 順位となった TORF「確報値」の公表は，2021 年 4 月 26 日よりスタートしています．

という状況である．

6．おわりに

LIBOR 亡き後の世界の海図はまだはっきりしないところも多く残されている．今後 TONA，TORF，TIBOR がどのような役割を果たすのか，銀行間の取引だけでなく，幅広い金融取引にどのように受け入れられるのか，今後の動きをさらに注目すべきであろう．

2015 年 4 月に日銀などがリスクフリー金利に関する勉強会設立をした際に

は，非常に大きな違和感を持った．LIBORが実取引に基づかない，仮想の銀行間取引金利であることが金利操作等の不正につながったとする判断が妥当であるとしても，リスクフリー金利に代替させようとする検討を行うことは，論理の飛躍があるのではないかという違和感であった．同時に2011年から2012年にかけて次々と明るみに出たLIBORの不正がその終焉の引き金となったという考えも何か引っかかりを感じた．シンプルにまとめるとLIBORの金利操作，不正取引に対する監督当局ならびに中央銀行の対応がLIBORの息の根を止めたという構図になるからである．シンジケート・ローンと変動金利の基準金利という金融取引における「発明」が，そのような形で終焉を迎えたのであれば，とても残念なことである．とはいえ，監督当局や中央銀行の対応が関係したことは間違いないが，上記構図はあまりに短絡的すぎる．実際には，世界金融危機の際の銀行間市場の消滅などが大きく影響していると考える方が妥当だろう．

　LIBORという金融取引の「発明」と，シンジケート・ローンや変動利付債，スワップ取引，金利先物取引など，それを取り巻く数多くの創意工夫の積み重ねが，LIBOR関連取引について単に終焉を迎えるのではなく，新しい時代にふさわしい形で新たな取引主導で再興されることを期待する．

1) "ICE LIBOR is a continuation of what was previously known as BBA LIBOR and there are no changes in how the rate is calculated or how the submissions are collected at present." ICE Benchmark Administration（2017）より.

2) "Panel banks are required to submit a rate in answer to the ICE LIBOR question: 'At what rate could you borrow funds, were you to do so by asking for and then accepting interbank offers in a reasonable market size just prior to 11 am London time?'" で「パネル行自身が資金調達できる金利を報告する」ことを求めているが（ICE Benchmark Administration（2017）より），この質問は1998年に変更されていて，それ以前は「優良銀行が市場において提示されると報告者が考える金利」の提供を求めていた（ICE Benchmark Administration（2016）より）.

3) 資金取引の金利は，その金利を提示するものが「資金の出し手（貸し手）」か「資

金の受け手（借り手）」かによって，「出し手レート（＝ Offered Rate）」と「受け手レート（＝ Bid Rate）」に分かれる．銀行にお金を貸してくれと頼んだときに銀行から提示されるレートは，資金の貸し手（＝銀行）から提示されるレートだから「出し手レート」であり，逆に銀行にお金を預けるときに，銀行から提示されるレートは，資金の受け手（＝銀行）から提示されるレートだから「受け手レート」といえる．そして一般に 出し手レート＞受け手レート である．

4) 全国銀行協会 LIBOR 特設ページ．https://www.zenginkyo.or.jp/libor/

5) 東京金融取引所「LIBOR ベースのユーロ円 3 ヵ月金利先物の上場について」https://www.tfx.co.jp/newsfile/article/19990319-01 平成 11 年（1999 年）3 月 19 日.

6) のちにマニュファクチャラーズ・ハノーバーは，現在の JP モルガン・チェース（JPMorgan Chase）に継承されている．

7) LIBOR: World Reference Point - IMF. https://www.imf.org/external/pubs/ft/fandd/basics/54-london-interbank-offered-rate.htm

8) 太田（2019）．

9) 太田（2019）．また『日本経済新聞』は「ユーロダラーのロンドン銀行間出し手レート（LIBOR）は，国際金融取引の際の基準として広く使われているが，英フィナンシャル・タイムズ（FT）紙は 3 日から，同紙の独自の LIBOR 値決めレートの掲載を開始した．同紙によると，ロンドンに店舗を持つ 5 行の午前 11 時現在のそれぞれの値決めレートをもとに，3 カ月と 6 カ月物について出し手レートと取り手レートの平均値を計算し翌日の紙面に掲載するというもの．」と報道している（1980年 6 月 7 日 朝刊 4 頁）.

10) 小林・清水（1990）24-25 頁．

11) 金融法委員会（1999）「金融デリバティブ取引と賭博罪に関する論点整理」http://www.flb.gr.jp/jdoc/publication05-j.pdf 参照.

12) 金融庁（1997）「有価証券デリバティブの全面解禁について」 https://www.fsa.go.jp/p_mof/singikai/shoken/gijiyosi/ka002a2.htm 参照.

13) CME Group「ユーロドル先物」 https://www.cmegroup.com/ja/trading/interest-rates/files/eurodollar-futures-fact-card-ja.pdf 参照.

14) シグマベイスキャピタル「シグマインベストメントスクール 30 年のあゆみ」https://www.sigmabase.co.jp/index/30years.html 参照.

15) ここでの円金利スワップ取引は，円／円金利スワップ取引とも呼ばれているもので，6 か月物円 LIBOR を参照金利とする変動金利利息と固定金利利息を交換する取引のことを指している．スワップレートは固定金利利息を計算するための金利のことである．ドル金利スワップについても同様に，6 か月物ドル LIBOR を参照金利とする変動金利利息と固定金利利息を交換する取引のことである．

16) 細かいことではあるが，円 TSR は平均金利を計算する際に，％表示で小数第 4 位

を四捨五入して第3位まで表示している.

17) この文書は平成24年5月23日付で基準金利として利用する平成24年5月21日の午前10時における12年物と15年物のTSR水準を通知したものである.「東京大学（本郷）クリニカルリサーチセンター施設整備事業提案書類の提出時に用いる基準金利について」 https://www.u-tokyo.ac.jp/content/400002865.pdf より.

18) TONAは日本銀行が公表する無担保コールO/N物レート，SOFRは米国における国債GCレポO/N物レート，SONIAは英国における無担保O/N物レートである. 全銀協LIBOR特設ページ https://www.zenginkyo.or.jp/libor/，東京短資TONA関連 https://www.tokyotanshi.co.jp/market_report/market_data/tona/ などを参照.

19) 東京短資TONA関連 https://www.tokyotanshi.co.jp/market_report/market_data/tona/ より.

参 考 文 献

安達哲也（2020）「LIBOR廃止とその課題―リスク・フリー・レートへの移行に係るリスク管理上の幾つかの課題―」『証券アナリストジャーナル』12月号

糸崎真一郎（2019）「金利指標改革入門―LIBORの黎明から黄昏まで―」日本金融学会関東部会報告資料

太田康夫（2019）『誰も知らない金融危機 LIBOR消滅』日本経済新聞出版社

小林靖弘・清水正俊（1990）『スワップ取引（増補版）』有斐閣

齊藤誠（2020）「望ましい金利指標とは？―LIBORスキャンダルを踏まえて―」『証券アナリストジャーナル』12月号

杉本浩一ほか（2023）『スワップ取引のすべて（第6版）』金融財政事情研究会

高橋豊治（1997）「スワップ取引の基礎　釜江編」『証券分析の基礎（改訂版）』第10章 1997年4月

田中隆司・室町幸雄（2020）「LIBOR廃止後の金利デリバティブと金利環境―マルチカーブ環境に関する理論的な視点から―」『証券アナリストジャーナル』12月号

東短リサーチ（2019）『東京マネー・マーケット　第8版』有斐閣

富安弘毅（2014）『カウンターパーティーリスクマネジメント　第2版』きんざい

西出勝正（2020）「解題 LIBOR廃止とその課題」『証券アナリストジャーナル』12月号

日本銀行 国際局（1993）「オフバランス取引の拡大とわが国金融市場の課題」『日本銀行月報』2月号　27-58頁

日本銀行（2018）「日本円OIS（Overnight Index Swap）―取引の概要と活用事例―」

Gyntelberg, J., & Wooldridge, P. D.（2008）"Interbank rate fixings during the recent turmoil", BIS Quarterly Review, March.

Michaud, F. L., & Upper, C.（2008）"What drives interbank rates? Evidence from the Libor panel". BIS Quarterly Review, March.

参照ウェブサイト・データベース等

金融庁（1997）「有価証券デリバティブの全面解禁について」https://www.fsa.go.jp/p_mof/singikai/shoken/gijiyosi/ka002a2.htm（2024 年 6 月閲覧）

金融庁・日本銀行（2021）「円 LIBOR 利用状況簡易調査　結果概要」https://www.fsa.go.jp/news/r3/ginkou/20211101/libor_survey_20211101.pdf（2024 年 1 月閲覧）

金融法委員会（1999）「金融デリバティブ取引と賭博罪に関する論点整理」http://www.flb.gr.jp/jdoc/publication05-j.pdf（2024 年 6 月閲覧）

シグマベイスキャピタル「シグマインベストメントスクール　30 年のあゆみ」https://www.sigmabase.co.jp/index/30years.html（2021 年 9 月閲覧）

全銀協 TIBOR 運営機関（2024）「全銀協 TIBOR 改革」https://www.jbatibor.or.jp/reform/（2024 年 6 月閲覧）

東京金融先物取引所「東京金融先物取引所：歴史」http://www.tfx.co.jp/about_tfx/history.shtml（2007 年 8 月閲覧）

東京金融取引所（1999）「LIBOR ベースのユーロ円 3 ヵ月金利先物の上場について｜TFX からのお知らせ｜」https://www.tfx.co.jp/newsfile/article/19990319-01

東京大学本部施設企画課（2012）「東京大学（本郷）クリニカルリサーチセンター施設整備事業提案書類の提出時に用いる基準金利について」https://www.u-tokyo.ac.jp/content/400002865.pdf（2021 年 7 月閲覧）

東京短資「TONA 関連」https://www.tokyotanshi.co.jp/market_report/market_data/tona/（2024 年 4 月閲覧）

日経テレコン https://t21.nikkei.co.jp/g3/CMNDF11.do（2024 年 4 月閲覧）

Refinitiv「東京スワップレート　業界の課題」https://www.refinitiv.com/content/dam/marketing/ja_jp/documents/fact-sheets/re1494710-ia-factsheet-v6-ja.pdf（2024 年 7 月閲覧）

ICE Benchmark Administration（2016）ROADMAP FOR ICE LIBOR　https://www.ice.com/publicdocs/ICE_LIBOR_Roadmap0316.pdf

ICE Benchmark Administration（2017）ICE LIBOR Q&A　https://www.ice.com/publicdocs/IBA_LIBOR_FAQ.pdf

IMF F&D article　John Kiff LIBOR: World Reference Point　https://www.imf.org/external/pubs/ft/fandd/basics/54-london-interbank-offered-rate.htm（2024 年 7 月閲覧）

第7章 金利指標のあり方を考える　197

【付録】

資料 7-2　LIBOR の誕生と終焉

時期	内容
1969 年　　8 月	変動金利（"LIBOR"）連動シンジケート・ローンの誕生
1970 年代	国際市場のシンジケートローン，変動利付債で LIBOR 利用拡大
1980 年　　6 月	英「フィナンシャル・タイムズ」紙，LIBOR を独自計算し，掲載開始
1981 年	CME，ユーロドル金利先物上場
1982 年　　8 月	メキシコが利払い一時停止宣言，米高金利政策でドル LIBOR 高騰，メキシコ政府保証債務の利払いできず 金利スワップ取引始まる．変動金利に LIBOR 活用
1984 年	金利先渡し契約（FRA）取引始まる．LIBOR を活用
10 月	BBA が金利スワップの指標として BBAIRS 導入
12 月	BBA Interest Settlement Rate 算出開始（BBA LIBOR の前身）
1985 年	ISDA，1985 SwapsCode（USD LIBOR 参照スワップ契約書のひな形）出版
1986 年　　1 月	BBA が LIBOR 公表開始
10 月	英国が金融ビッグバン開始
1987 年	CME　ユーロドル金利先物の参照金利を BBA LIBOR に変更
1989 年　　6 月	東京金融先物取引所，日本円 TIBOR 先物上場
1992 年　　10 月	TSR（東京スワップ・レファレンス・レート）創設　Telerate p. 17143
1993 年　　4 月	Telerate 東京市場アービトラージ・トレード情報 ABITRA（Arbitrage Trading Analysis）提供開始．
1994 年	Telerate　東京市場基本情報 FATOM（Fundamental Analysis of Tokyo Markets）
1994 年　　10 月	都市銀行など日本円 TIBOR 提示開始
1995 年　　11 月	全国銀行協会連合会，日本ドル TIBOR 公表開始
1997 年　　11 月	日本で金融危機（北海道拓殖銀行破綻，山一證券自主廃業）
1998 年　　3 月	全国銀行協会連合会，ユーロ円 TIBOR を一本化し公表開始 英外国為替・資金市場（FX&MM）委員会，LIBOR の提示金利を自行取引に甚づくものに変更するよう提言．BBA が LIBOR を改革

		（BBA LIBOR Administrator's Question の変更）
2007 年		サブプライムローン危機
	8 月	パリバショック時にバークレイズが LIBOR 提示金利を低めに操作
2008 年	3 月	BIS，四季報に「何が銀行間レートを決めるのか？ LIBOR パネルからの証拠」を掲載
	6 月	ティモシー・ガイトナー，マーヴィン・キングなどに LIBOR の信頼性を高める策を e メールで伝える
	9 月	リーマン・ブラザーズ破綻
	11 月	FX&MM 委員会，「LIBOR のガバナンスと精査」発表．LIBOR の管理強化
2011 年	12 月	金融庁，金利指標操作の試みで UBS 証券，シティ証券に一部業務停止命令
2012 年	6 月	バークレイズ，LIBOR 不正で当局と和解・制裁金
	12 月	UBS，LIBOR 不正で制裁金支払い
	9 月	英で LIBOR 改革の「ウィートリー報告」．LIBOR の対象通貨，期間の削減
2013 年	2 月	RBS，LIBOR 不正で制裁金
	4 月	ニュージーランドドル LIBOR 廃止
	4 月	デンマーク・クローネ，スウェーデン・クローナ LIBOR 廃止
	6 月	豪ドル，カナダドル LIBOR 廃止
	7 月	IOSCO，「金融指標の原則」（最終リポート）公表
	9 月	欧州委員会，金融指標規制を公表
	12 月	全国銀行協会，全銀協 TIBOR 行動規範を制定スイスが新指標検討ワーキンググループ設立
2014 年	1 月	ISDA が ISDAFix の改革決定
	2 月	ICE Benchmark Administration が LIBOR の運営機関に（"ICE LIBOR"）
	4 月	全銀協 TIBOR 運営機関設立，全銀協から全銀協 TIBOR 関連業務を移管
	7 月	FSB，「主要金利指標改革」公表
	11 月	米で新指標検討の ARRC 設立

2015 年	3 月	英でスターリング新指標検討のワーキンググループ設立
	4 月	ドイツ銀行，LIBOR 不正で当局と和解・制裁金
	4 月	日銀などがリスクフリー金利に関する勉強会設立
	5 月	金融商品取引法等の一部を改正する法律（金融指様に係る規制の導入）施行
2016 年	12 月	日本が新指標金利に TONA の採用決定
2017 年	4 月	英が SONIA を新指標に採用決定
	6 月	米が SOFR を新指標に
	7 月	FCA のベイリーが 2021 年未以降，銀行に LIBOR 提示を強制しないと表明
	9 月	EU が新指標ワーキンググループ設立
	10 月	スイス，SARON を新指標に採用決定
2018 年	1 月	EU，金利指標規制発効
	1 月	SIFMA，ICMA など FSB にターム物レート設定など要請の書簡送付
	7 月	日本で円金利指標に関する検討委員会設立
	7 月	ファニーメイ，SOFR で利払いの変動利付債発行
	9 月	国際金融センターインデクス（Z/YEN）でロンドンが初めてニューヨークに抜かれる
	10 月	全銀協 TIBOR 運営機関，日本円 TIBOR とユーロ円 TIBOR の統合検討開始
2019 年	1 月	ICE がバック・イールド・インデックス導入も発表
	4 月	ICE LIBOR の算出に Waterfall Methodology を導入
	10 月	欧州中央銀行，ESTER の公表開始を予定
2021 年	3 月	英国金融行為規制機構（FCA）LIBOR の公表停止と市中協議 日本円 LIBOR（6 か月）を参照する東京スワップレート（Eikon 上でページ＜ 17143 ＞と RIC で表示）の公表に関して，全ての配信手段及びテナーについて年内で停止し，東京スワップレート・フォールバック確定値の公表を開始することを発表した．最終の公表は，日本市場の休日である 2021 年 12 月 31 日に先立ち，2021 年 12 月 30 日の 15：30（東京時間）となる．

2021 年末		JPY，EUR，GBP，CHF，USD（1w，2m）に関する ICE LIBOR の恒久的公表停止
2021 年末		リフィニティブ，日本円 LIBOR（6 か月）を参照する東京スワップレートの公表に関して，全ての配信手段及びテナーについて停止（2021/12/30）
2023 年	6 月	USD（O/N，1m，3m，6m，12m）の恒久的公表停止 37.49722222
2024 年	3 月	ユーロ円 TIBOR の公表停止の決定（市中協議結果の公表））上記市中協議の結果を公表．加えて，同市中協議結果等を踏まえ，ユーロ円 TIBOR の全テナーを 2024 年 12 月末で恒久的に公表停止することを決定した旨を公表．
2024 末		ユーロ円 TIBOR の全テナーを恒久的に公表停止（予定）

執筆者紹介（執筆順）

花輪　俊哉	客員研究員・一橋大学名誉教授
建部　正義	客員研究員・中央大学名誉教授
藤原　秀夫	客員研究員・同志社大学名誉教授
奥山　英司	研究員・中央大学商学部教授
播磨谷浩三	立命館大学経済学部教授
石島　博	研究員・中央大学大学院法務研究科教授
髙木　大輔	客員研究員・有限責任監査法人トーマツシニアマネジャー
高橋　豊治	研究員・中央大学商学部教授

世界金融危機後の金融システム
──各国の金融制度・金融規制・金融政策の比較研究──
中央大学企業研究所研究叢書　44

2025 年 3 月 15 日　初版第 1 刷発行

編　者　　高　橋　豊　治
発行者　　中 央 大 学 出 版 部
代表者　　松　本　雄一郎

発行所　〒192-0393 東京都八王子市東中野742-1　　**中央大学出版部**
　　　　　電話 042(674)2351　FAX 042(674)2354

© 2025　高橋豊治　ISBN978-4-8057-3243-4　　電算印刷株式会社

本書の無断複写は，著作権法上での例外を除き，禁じられています．
複写される場合は，その都度，当発行所の許諾を得て下さい．